雪泥鴻爪

——近代史工作者的回憶

陶英惠 著

前言

雪泥鴻爪

退休六年多了，本應趁著這段閒來無事、沒有工作及生活上的壓力時，整理一下過去所寫的文稿；終因疏懶成性，遲遲沒有動手。日前忽然接到《世紀映像》叢書總編輯蔡登山先生的約稿電話，不禁有些心動。於五月三十日與之晤談後，便依照其構想，選了若干篇非學術性的短文，匆匆忙忙凑成這本小書。

本書分為兩部分，一為自述性的文字，一為記前輩及師友之作。在第一部分中，我選錄了四篇，約略可以代表浮生的幾個片斷；至於第二部分，則是記述曾經親炙過的老師、長官及友朋，或是在研究工作中曾涉獵過的有關人物；懷著感恩的心情，將之集在一起，留作紀念。多承蔡總編輯抬愛，認為可以配些圖片，予以出版。對於他的一番雅意，非常感謝！同時，也要謝謝斥資出版的秀威宋總經理政坤先生。

我生於兵荒馬亂的年頭，無可選擇的隨著時代潮流轉動，自幼即離鄉背井，成了流亡學生，顛沛流離，浪跡天涯，在饑寒交迫中翻山越嶺，長途跋涉，自黃河之北，跑到長江之南，最後輾轉來台。真是艱辛備嘗！在學業告一段落後，成家立業，生兒育女，方漸漸步入坦途。這期間充滿了許多偶然，也存有不少幸運！希望藉本書保留下來，不致在歷史上留白！所以借用蘇軾＜和子由澠池懷舊＞詩中之「雪泥鴻爪」四個字作書名，自認尚算貼切。

回想一生庸庸碌碌，似乎沒有什麼值得大書特書的；惟在生活中曾結過不少善緣，説起來也誠屬三生有幸。為求留下鴻爪，而不去計較文字工拙，勉予付梓，至祈方家不吝指正為幸。

陶英惠　民國九十五年六月十八日

目錄

輯一：把酒話桑麻

輯二：感念和懷想的前輩及師友

輯一

把酒話桑麻

1952年6月28日母親51歲時留影
母親生於清光緒28年壬寅十一月初二（1902.12.01），1976年4月18日病逝濟南，享壽75歲。我在三年後才輾轉獲知消息。這張照片，是妹妹英東託在香港的表哥孫盛林帶來的。母親原名「陶孫氏」，1949年為報戶口，取名「孫淑芳」。文革時，在1970年3月23日寫有一份「坦白書」，交代了家庭背景等資料，我才知道她和父親是1918年9月結婚的。

第一章

我的流亡學生歲月

我的老家是山東省德平縣城西南陶家鄉陶家莊，在民國三十三年下半年或三十四年初，爺爺為了躲避八路，派長工將小叔清銀和我送到距縣城不遠的滿家一所小學去讀書，用騾子馱著行李，三人步行，這是我第一次離開家門到外地去求學，我讀的雖然不是「流亡學校」，但卻是名副其實的「流亡學生」。當時只覺得很新鮮，尚不知愁滋味；校長是父親的朋友，為了掩護真正的身分，我和小叔改姓「王」。不久，八路知道了，就到學校來，將學生集合坐在操場上，要找出兩個姓陶的學生來，有些同學老是看我們兩個新來的，這時才知道害怕，幸虧未被指出來。校長認為問題非常嚴重，當晚就把我倆送到北五區皮家，三表哥孫盛林的好友邢同春家暫避，我倆又改姓「孫」。為了躲避八路，竟然改了兩次姓，「大丈夫坐不更名，行不改姓」，我是做不到了。在皮家住了沒有幾天，就到堤口孫家外婆家，娘認

1994年8月18日，與叔叔、妹妹在老家陶家莊原城門處合影。據碑之背面記載：「相傳建村於清順治十五年（公元一六五九年），以陶姓命村名陶家莊，後演稱陶家。陵縣地名辦公室撰文」。

1994年8月18日，與小姑許陶氏、叔叔、妹妹在老宅原址處合影。我家在這裡出生、長大的，只剩下我們四人了，面對這斷垣殘壁，何止感慨萬端！

為家鄉已不能留了，乃帶著小叔、妹妹英東和我一起，在一個有月亮的夜晚，從堤口孫家坐著大車離開，好像是由二舅護送，經過吳橋到了德州，住在火車站旁的旅社，第一次聽到火車鳴笛，還嚇了一跳，感到非常稀奇。第二天坐上了赴濟南的火車，首次坐火車，一切都覺得新鮮，根本沒有離鄉背井的痛苦，更體會不出娘焦急的心情。這是民國三十四年五月間的事，我年方十二歲；當民國八十三年八月十八日我再回到老家時，已是年逾花甲的老人了。真是應驗了「少小離家老大回」的詩句！

濟南三年

到了濟南沒多久，抗戰勝利。我先到東關青龍街小學就讀，學校在護城河旁，規模很小，也相當破舊，記得教室裡有一座大神像，面目很可怕。鄉下來的孩子，一切都很土，看到都市的人，不免先矮了半截，深感自卑。

不久，我轉到峨雅芳小學插班四年級，在此前讀的私塾，都不算正式的學歷。導師名韓蕙，我上學的第一天，她先向全班同學介紹我這個土包子新生，要大家不要欺負我，至今我還心感不已。峨雅芳的環境非常美，護城河從校園穿過，流水清澈見底，下課時可到橋下玩水。後來再轉學皇亭小學，皇亭的操場相當大，濟南市的運動會或足球比賽，均假皇亭舉行，我學騎自行車是在皇亭，喜歡踢足球也是在皇亭養成的習慣。皇亭的師資很好，記得導師是陳壽延，對學生深具愛心；教歷史的老師，講二次世界大戰期間德國屠殺猶太人的事，十分生動，印象非常深刻。

三十六年，在皇亭小學畢業。即考入在商埠之山東省立濟南第一臨時中學。當時淪陷區的學生，紛紛離開老家逃到濟南，省府就陸續設立臨時中學加以收容，所以一臨中就是設立的第一所流亡學校。投考前，我即借住在一臨中的第二宿舍，家中似與宿舍的史書青教官有舊，得以住在那裡專心準備考試。開學後，分在初五級三班。由於繳不起伙食費，每週一上學時，帶三天的窩

這次回家尋根，唯一沒變的就是這口水井，全村的人都吃這口井的水。左起：妹妹英東、作者、叔叔清銀、陶英和。

1988年10月29日，與內子李明正去看濟南一臨中母校，現已改為山東省濟南第三中學。

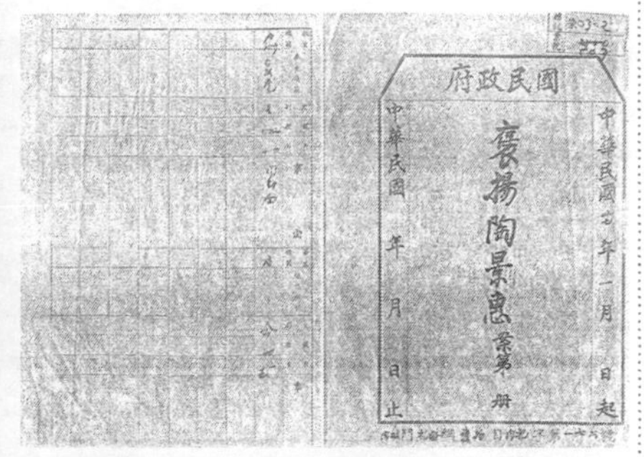
國民政府

褒揚陶景惠案第一冊

中華民國三十七年一月 日起

中華民國 年 月 日止

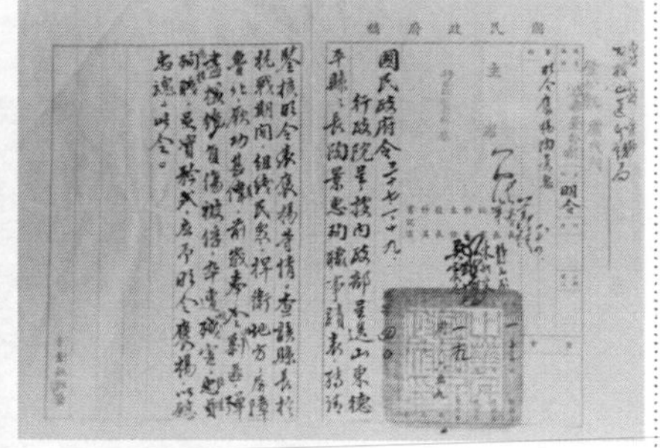

民國三十七年一月國民政府褒揚先父陶景惠案，原卷現藏國史館。

窩頭和豆腐乳，星期三晚上再回家拿一次窩窩頭，因為沒有地方蒸（不像現在學校裡有蒸便當處），只能吃涼的。吃飯時買碗開水喝（賣開水是濟南特有的行業），偶爾買碗綠豆丸子湯配著吃，算是很奢侈的享受了。天熱時窩窩頭會發霉，長期吃的結果，自然影響到胃，有一次胃痛，吐個不停，最後吐出像膽汁樣的東西，非常苦，老師告訴我：豆腐乳不能再吃了，對胃不好。那時普遍都窮，很多同學得了夜盲症。我因父親不幸在三十五年七月六日為國殉難，國民政府於三十七年一月十九日明令褒揚，並從優議卹，所以合乎讀遺族學校的條件。在讀完初一後，曾想轉學到遺族學校，可以享受公費，尚未辦成而濟南失守。

三十七年暑假後升入初二，可是讀了沒有幾天，共軍即攻打濟南，學校停課，我趕快從商埠的學校跑回城裡家中，小叔已由一臨中轉學遺族學校，留在商埠，沒能回到城裡。娘和我及妹妹躲在床下，在床上再放桌子，聽到排砲由遠而近、再由近而遠，我們院子裡落了好幾發炮彈，所幸沒有人傷亡，真正體驗到了槍林彈雨的情形！那種恐怖的滋味，永不能忘。九月二十五日，共軍進城後，挨家挨戶搜查，進入我家者，喝令拍著巴掌（證明手中沒有武器）出來，他要喝水，又怕水中下毒，令我先喝他才喝。娘特託先父的至友孫雪琴叔叔帶著我和妹妹逃走，娘從腰中取出僅有的一個金戒指要我帶著作路費，我堅決不要，要留給娘備作不時之需。那種生離死別的情景，至今猶歷歷在目。第一天，孫叔叔帶著我和妹妹出老東門，等著出城者人山人海，而共軍檢查放行則甚慢，白等一天。妹妹捨不得娘，已經想家了，所以第二天出南門時，她就不走了，留下陪娘。出家門時，滿街都是死屍，要跳躍著走，以免踩到屍體，可見巷戰之慘烈！往南關時，路旁有很多負重傷的軍人，求生不能，求死不得，哀號之聲，至為悽慘：「行行好，補我一槍吧！或給我一口水喝吧！」失血之後口很渴，可是大家都在逃命，自

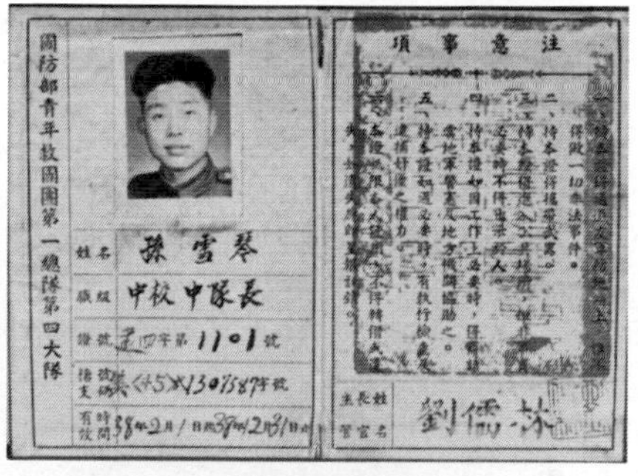
國防部青年救國團第一總隊第四大隊

姓名 孫雪琴
職級 中校中隊長
證號 1101號

注意事項

主官姓名 劉儒林

孫叔叔雪琴，是受母親託孤帶我出來的恩人。1949年底時尚隨部隊滯留昆明，沒能出來。這張工作證，是莊叔叔劍秋交我留作紀念的。

1964年母親與妹妹、長外孫郭濤、次外孫郭偉在濟南市趵突泉。

1960年母親在濟南市。

顧不暇，誰也顧不了誰。最後孫叔叔帶著我出了普利門，同行者有戡亂建國第五大隊談大隊長（粵人）、勞玉琢、莊劍秋夫婦，他們抬著屍體，謊稱護送回鄉下安葬，才得出城。九月二十八日逃離濟南，又開始流亡。我們往北走，經過黃河鐵橋，國軍撤退時拆掉一些鐵軌及枕木，所以行走時要非常小心。過橋後，僱了一輛膠皮輪子的大車，直奔德州而去。路經臨邑、平原時，因為距離我老家不遠，見到村莊的圍牆上寫著「打倒特務頭子陶景惠」的標語，先父被害已經一年多了，這應當是抗戰期間留下的字蹟，看了仍然怵目驚心！到達天津不幾天，就是雙十節，津人對傅作義確保平津深具信心。在津住孫叔叔友人家，首次用抽水馬桶，首次見電車。處處覺得新奇。

在天津搭船赴上海，在大沽口遇到大風，無法出海，乃下錨停泊，船搖晃得很厲害，莊嬸嬸暈船，我不暈船，就在旁邊伺候她。出海後，才驚知海是那麼的大！抵上海後，住孫叔叔友人家，初見香蕉是黃色的（從前所見因為不新鮮，都是黑皮），大人先給我一條，我不知如何吃，見大人先剝皮才知道要剝掉皮。牛哥（李費蒙）在其漫畫《土包子下江南》中說吃香蕉連皮一塊吃，當非虛構。滬上人坐馬桶，在濟南皇亭小學上地理課時，老師曾講過江南人入廁，是蹲在屋的一角坐馬桶，尚可邊與客人聊天。當時難以置信，不料到了上海，竟真是如此。

教育部收容外地逃至南京的學生，我便自上海轉赴南京到教育部青輔會登記，被分發至暫住於挹江門外中農銀行倉庫之國立濟南第一聯合中學初中二年級就讀，開始成為真正的流亡學生。校長是原濟南第一臨中的校長劉澤民師，在下關與叔叔、同鄉劉煥忠相遇，他倆是結伴南下經徐州到南京的；很多一臨中的老同學又在一聯中聚首，彼此互相照應，不會感到孤獨。

一聯中校址在浙江省海寧縣長安鎮，位於滬杭鐵路線上，距杭州大約三站。我編入第四隊，住在連元絲廠，高中部在長安絲廠，師範部在另一靠近連元絲廠之大樓。由於整個局勢日非，大家似乎沒有心思唸書，每天最重要的事，就是如何填飽肚子。每人每天二十四兩米，仍不夠吃，因係初食大米，好像永遠吃不飽，一會兒就餓。在鬧學潮時，我和馬道忠學長留校，可代領赴杭州參加護校團同學之米，有時一頓可吃二十四兩米，真是難以令人置信！除了寢室，並無教室，一切因陋就簡。每天在附近遊逛，打柴是重要工作之一，有時找不到乾柴，就折老百姓之臘樹枝，由於臘樹含有油質，非常好燒，它可是老百姓的經濟命脈，因此曾引起強烈抗議。絲廠內有柴油，也容易生火，真是就地取「材」。

江南的三月，草長鶯飛，山明水秀，比山東的風景美得多；對我們這些離鄉背井的孩子來說，處處感到新鮮。江南河道縱橫，四通八達，在連元絲廠前就有一條小河，岸邊常泊有百姓到鎮上購物的小船，是居民的重要交通工具，有些調皮的同學，看到停在岸邊的小船，趁著無人看守時，擅自解開纜繩去划著玩，由於不會操作，常有划不回來、就隨地棄置情事，也引起地方上的強烈抗議。學校為了平息民怨，更為學生安全著想，乃於三十八年四月四日出布告禁止。這是一張充滿叮嚀、關愛與勸戒的布告，文詞非常優美，當時幾乎人人都當國文背誦。該空前獨特的布告，張相成學長多年後仍記得全文，並錄送《山東文獻》發表，其詞句如下：

時值江南春暖，各生飯後遊玩；常有划泛小舟，藉作課外消遣。
洋洋優遊自得，飄飄如同神仙；凡事樂極生悲，須知身臨深淵。
一時偶有不慎，小舟搖擺而翻，輕則落水濕衣，重則命歸黃泉！
划舟危險堪慮，令人談虎色變；況有商民控告，對此大為不滿。
他說停船買貨，回來小舟不見；久候失時誤事，影響損失匪淺。
彼等群情憤激，紛請商會來函；校方覆文道歉，措詞極表汗顏！
規定嚴禁划舟，校規不得違犯；今後確實取締，巡查隨時派員。
倘經查明划舟，嚴懲決不姑寬；特此剴切曉喻，其各一體遵旃！

長安鎮上的廁所，就設在馬路旁，是坐式的，但是沒有門，同學們不習慣坐式，尤不能接受沒有門，乃隨處找一隱密處解決。二千多同學隨地便溺的結果，嚴重影響了環境衛生，學校或地方上乃在連元絲廠前仿北方之土廁所挖了幾排蹲坑，周邊用籬笆圍起來，算是解決了一大問題。

孫雪琴嬸自老家逃出來，住在上海附近的龍華。她出來時，娘託她給我帶了幾件衣服和鞋襪，寫信叫我去拿。當時大局已經非常嚴重，共軍陳毅部於四月二十一日自江陰要塞渡江，四月二十三日，國軍退出南京，共軍於二十四日入京，我到龍華取到衣物即趕回學校，等車抵長安鎮時，學校已遷走，月台上有同學高呼：「學校已遷走了，同學們不要下車，直接到杭州車站集合。」我就搭原班車逕赴杭州。到了杭州車站，只見候車的人潮一望無際，站裡站外，萬頭鑽動，都是等著逃命的。在久候無車可上的情形下，我將娘給我的小包袱放在軌道上當坐墊，坐下來休息，不料一站起來，小包袱就不翼而飛；至今思之，仍然痛心不已！因為那是娘留給我的最後一包禮物，是偉大的母愛，對我來說，真是無價之寶、不可彌補的損失！我原有的簡單行囊，都留在長安鎮學校中，什麼也沒有帶出來，僅有的一包衣物，現在又被偷走，我真是一無所有了。每逢讀孟郊的〈遊

母親生前所戴的老花眼鏡，妹妹送給我做紀念，由破舊的樣子，可以想像當時生活困苦的情形。

1988年10月29日，與內子明正、妹妹英東，到濟南市靈骨保管處請出先母骨灰，安葬於東郊玉函山安息園。

子吟〉：「慈母手中線，遊子身上衣」的詩句，就會想起那個小包袱！不一會，車站上已有人在搶劫，被抓到的就地槍斃；但不久大亂，紛紛搶劫，軍警已無法制止。四月三十日，杭州軍政機關全部撤退，五月三日共軍入杭州。

一聯中大部分同學於四月二十七日自杭州搭上了建國號客車走了，當時不僅車箱內擠的滿滿的，不能動彈，火車頂上也都是人，甚至車廂底下，也有人用繩子繫在兩邊輪子的避震器上，結成網狀，蜷臥其上，雖不能蔽風，但無虞日曬雨淋，與車箱內和車頂上擁擠不堪的情形相比，可以說是最好的位子。叔叔和我都不是身強力壯之人，根本擠不上去；稍後才好不容易與一百三十多位師生爬到自杭州開出的最後一列火車的車頂上，開始再度流亡。時間大約是在四月二十八、九日至五月二日間，因為錢塘江大橋於五月三日由國軍炸毀，我還記得車過錢塘大橋時怕被刮下去時的樣子。車頂是弧形，稍不留神，就會滑下去，同學們將行李分放兩側，用繩子繫緊，人坐中間。自杭州換乘浙贛線鐵路火車南行，車行甚慢，到了金華又停下來。當時山東名將李延年將軍正坐鎮金華，擔任金華指揮所主任，大家饑腸轆轆，由帶領我們的李人傑教官、翟國安老師帶了兩位同學代表，跑到司令部去向這位山東鄉長求助，李將軍立予接見，並當場交代副官即刻辦理，據翟國安老師在〈逃難途中又失群〉[註1]一文中說，是照人數發給五天的主副食。我記得發給每人好像有數萬元銀元券，大約可買幾斤大餅吃。可是火車沒有煤，無法開，已停在金華站很久，有人（似為軍方人士）沿車籌款買木柴，否則不能開，我尚未買食物就將錢捐了出去。火車終於慢慢開動，到江西上饒站時，再度停下來。聽說前面鐵路被破壞，正在搶修中。大家紛紛下車去吃飯，我在車頂上餓得四肢無力，根本站不起來，叔叔、煥忠等用繩子將我自車頂縋下去，一到月台，就又癱坐地上，他們架著我到一家飯館，吃飽後，沒有錢付賬，便將一件破夾襖脫下來抵賬，老闆不收那件又破又髒的衣服，只好請他先記教育部的賬，以後再還。在流亡途中，為了填飽肚子，什麼事都做得出來，「衣食足而後知榮辱」，真是至理名言！

共軍於五月六日佔領江西上饒、玉山及浙江常山。我們應該是五月五日下午到達上饒的，那時在上饒已可聽到槍炮聲。到了晚上，有人催著快上車。火車開了，可是令人意外的是向回頭走，即開「倒車」往金華走，在駛抵距江山十公里之賀村小站時，山頭上的共軍喝令停車，在前後都不通的情形下，大家紛紛棄車。[註2]我已身無長物，但看到很多人捨不得丟棄行囊，又帶不走，在火車旁哭成一團，既驚恐，又無助，狀至悽慘！我在人家丟掉的東西中撿了幾件衣服、一雙

膠鞋換上，並拎了一條金華火腿，便與同學們開始步行，目標是福州。這時我校師生尚有一百餘人，後來又分散成了幾部分，在到達浦城與建甌之間的水吉時，據翟國安老師回憶云：「涉水渡河，不顧水深湍流，到岸後又少了多位同學，人傑兄夫婦就在此時失掉聯繫。」翟老師帶著六十餘位走得快的同學，先到了福州，再經廈門、香港到達廣州，與校本部會合。我們三十多位走得慢的，隨著史子明、李人傑師晚些時日才到福州。另外、王玉蘊、王景光等，則隨著丁仲才教官走，也到了廣州。

2003年1月18日，在福建一同流亡的伙伴們，參加張椿田娶兒媳婦的喜宴時，再度聚首，共話54年前的點點滴滴。右起：家叔清銀、房肇基、高昂舉、牟乃倫、王清源、戴承光、楊敏奎、鄒兆正、劉振中、作者。每個人的臉上，都留下不少時光的刻度及風霜的痕跡。

由浙步行入閩

就記憶所及，我們一起走到福州的三十多人，計有老師：史子明、李人傑與李師母、幼子鐵漢一家三人、趙勉齋與趙汝真父子；同學有：于鳳琴（女）、王清源、亓廷柱、牟乃倫、李如堯、李勉勝、李培訓、李紹倫與李紹珍（女）兄妹、房肇基、姜聯成

（又名李人賢）、姚良琦、徐傳智（到福州時才加入）、高昂舉、張梅田與張椿田兄弟、陶清銀與陶英惠叔侄、費立宗、賀學芬（女）、楊士賢、楊敏奎、賈布雷（又名賈茲善）、鄒兆正、趙希祥、劉振中、劉煥忠、戴承光；非吾校師生隨行者：四川居匯川老先生夫婦（留在福州謀職）、邵魯人、劉子服一家（有好幾人，皆未來台。）

第一天步行時，我走了不久忽然腹痛，但又不敢停下腳步，以免落伍，只好彎著腰、摀住肚子緊跟著走。走了一段路休息時，有位同學將為保值而買的香煙拿給我抽了一支，結果肚子竟不痛了。那時的香煙，可能都含有鴉片的成份，能夠止痛，從此使我對香煙產生好感。不久即渡過一條很寬的河，據房肇基、牟乃倫的回憶：河水很深，某部隊之人身繫繩子游至對面，將小船拉回來，女生小孩坐船上，大同學則拉著繩子過河。當時的情景，至今猶歷歷在目。不久即行經仙霞嶺、廿八都，好像第一天都是上坡，第二天都是下坡。五月九日，共軍自江西玉山入福建之浦城。我們到達浦城外山頭上，遙見已被共軍佔領，未敢入城，即避走別路。

在路上，叔叔、煥忠、牟乃倫、鄒兆正和我五人漸漸形成了一幫，有一次投宿在一不知名的地方，我們五人住在一家，大家睡得都很熟，半夜裡我被臭蟲咬醒，聽見外面急行軍的腳步聲，於是將叔叔叔等叫醒，出去一看，因為臨時發現情況，大家都走了，乃趕快起來跟著走，若不是被臭蟲咬醒，一定會脫隊。真險！

有一次，誤用桐油炒菜，結果拉肚子。我和一位同學走在最後面，在經過一村莊時，被村民截住，他們手持長柄開山刀，刀尖彎下如鉤狀，問了我倆一些話，我倆聽不懂，但急中生智，用山東話說：

「後面還有很多同學，馬上就到。」村民似乎知道我們所說的話，沒有為難我倆。我倆一走出村莊，撒腿就跑，追上前面的同學。真是驚險之極！

我們在崇山峻嶺中行走，往往山這邊的人和山那邊的人，就說不同的方言；而且在山中無法辨認方向，只有從日出的方向來判斷福州在何方，然後見路就朝那個方向走去。有一次早上從某地出發，走了一天，晚上又回到原點。山徑崎嶇難行，每天馬不停蹄在趕路，有時可以邊走邊睡覺，當絆倒時，就靠手中的棍子撐住，才不致跌落山溝。

我們到大東遊時，在村外一小山頭上的廟中休息，大家倒頭便睡，根本不知道已經被共軍包圍。當我出去小解時，門外的共軍手持上了刺刀的長槍喝令舉起手來，在知道了我的學生身分後，叫廟裡的師生都拍著巴掌魚貫而出，在院子裡集合講話，要我們趕快回家參加建設工作。我們答以到福州搭船返鄉較便。他們說很快就解放福州，互道「福州見」。當時趙彥濱教官尚有一把手槍，幸未被發覺。

有一次走到一個村莊，村民要我們買米做飯。有人掏出錢來買。俗所謂「財不露白」，村民看到了，等飯後我們走出村莊沒有多遠，村民已等在那裡打劫，用長柄開山刀將背包拉下來，把值錢的東西都搜刮了去。

我們走的路，都是國軍撤退所走的路，所以老百姓都避入山中，以免被軍隊抓去挑彈葯。由於軍隊自己也找不到食物，也沒有辦法給挑夫飲食；但不應在挑夫走不動時便就地槍決，十分殘忍。百姓抓到落伍的軍人，也就如法炮製：就地殺害以洩憤。真是冤冤相報。在亂世，人為求生存，本來就沒有什麼尊嚴，也沒有什麼規範了；而散兵游勇、在潰敗之際，更無軍紀可言，人命如草芥，只能說是時代的悲劇。有一天夜間，我們行經兩座山的夾縫中，上面只露出一線天，天暗得伸手不見五指，每人雙手放在前人肩上，啣枚疾走，大家都踩到一個軟軟的東西，也都知道是一具屍體，但沒有一人敢出聲。

有一夜我們躲在一個山坡上，我將一個小刀插在泥土中，以免下滑。而共軍就在下面不遠的小徑上急行軍。當時若發出一點聲音，就會被發現，其後果就不堪想像。李人傑教官的兒子鐵人尚在襁褓中，也很配合，沒有哭。當共軍走遠後，大家才鬆了一口氣！

有一段時間，我們緊跟著一些鐵路警察走，藉他們作為保護；可是他們將吾等視為累贅。一天在行進時，前面忽然發出槍聲，路警即刻命我們在路兩側臥倒不要動。我們等了很久也沒有什麼動靜，就起來慢慢前進，走了一段仍不見人影，方醒悟是路警擺脫我們的伎倆。

有一天宿在一新婚人房中，我看到一本《千家詩》，就帶在身上，有時邊走邊讀，竟然背會了許多首。有的同學背了一大綑布，走起路來很吃力，但又捨不得丟，要知遠路無輕載，而布真的太重，最後實在走不動了，仍不得不丟棄一些。

有一段時間，我們與五十三軍的部隊同行，五十三軍大部分為山東人，有一阿兵哥與我邊走邊聊，可能是山東老鄉的關係，他對我們學生很客氣，我記得他很粗獷，一副豪情萬丈的樣子，隨身帶著一葫蘆酒，邊走邊喝，還請我喝，我敬謝不敏。走到古田時，已是國軍的地盤了，大家心理上覺得安全了不少。在走到白沙時，也有國軍駐守，軍方好好招待我們，把我們軟禁在那裡，適逢端午節（陽曆六月一

日），部隊又請我們吃粽子、加菜，還託此前被扣留在那的河南學生來勸我們留下從軍，報效國家。但河南學生在沒有軍方人員時，就偷偷小聲告訴我們千萬別留下來，趕快設法走。幸虧其部隊長官解團長為史子明老師軍校同學，才不好強留我們，得以脫身，並派軍車送我們到福州。

1949年6月21日在福州，我們五人向商家募捐了一點錢，除了買食物外，並去拍了一張劫後餘生的照片留念，成為我所存最早的一張照片。自左至右：牟乃倫、家叔清銀、劉煥忠、作者、鄒兆正。

自白沙到福州好像有六十公里，到了福州後，可能是透過福建省教育廳的安排，住在教師會館內。老師們設法與校本部聯絡，以決定何去何從。同學們則無事閒逛。我們五人，偷偷的到商家募捐，叔叔和煥忠持捐款收據向店家遊說，我在店外把風，見有警察來即告訴他們，因為未經政府核准之募捐，是被禁止的。我們募了一些錢，每人分了幾塊銀元，我買了一條髮臘，將頭髮擦得很亮，五人還去照了一張像留念，成為我所保存最早的一張照片。其他同學知道後，也分組去募捐，至於成績如何，就不記得了。

徒步月餘至福州，在福州住了一

段時間，曾去看免費電影（第一次去看時，似曾有過不愉快，經交涉後才可進場。）也曾去洗温泉，對治療疥瘡，相當有效。我是首次見到温泉，有好幾個池子連在一起，最熱的池子可以煮熟雞蛋。

福州人很喜歡小孩子，有好些家勸我們留下來，不要再走了，我們當然不肯。尚有一德平縣的李姓老鄉，他在福州住了很多年，正主持著一個宗教組織 ，每有流亡學生到福州，他即去找老鄉，都無所獲；不料這一次竟遇到了我們叔侄和煥忠三個，「他鄉遇故知」，雙方都感到喜出望外。他帶我們到他家飽餐一頓，很久沒有這樣吃頓飯了。他勸我們信奉他的宗教，當時我們真是餓怕了，只要有一頓飽飯吃，信什麼教都無所謂，為此去他家吃了不少次飯。終於在其地下室舉行了入教儀式，我三人跪在堂下，聽他講解教規和遇到困難時祈求救助的手式。

在福州住了一段時間，就搭106號登陸艇至廈門。抵達廈門下了登陸艇，我們在岸邊不遠處一個斜坡的路旁，或蹲或坐在地上，飢腸轆轆，等著安排吃住問題。這時有一穿著非常時髦的貴夫人在我們面前走來走去，手上帶滿了金戒指。我們又羡慕、又嫉妒、但更痛恨、厭惡。她停了一會兒，知道我們是流亡學生，而且還沒有吃飯時，她要我們派幾個同學到她家煮飯請大家吃。這時我們才對她頓時改觀。証明她不是為富不仁的人。

我們被安排住在鼓浪嶼的一所小學中。鼓浪嶼素有「海上花園」之美稱，完好的保留著許多中外各種風格的建築物，山頂有一個很有特色的古避暑洞，洞外豔陽高照，熱不可耐，洞內則涼風習習，十分舒適。鼓浪嶼是各國使領館聚集的地方，也是有錢人的避暑勝地，不料我們身無分文的流亡學生，也有幸到此小住，真是萬萬想不到的事。

鼓浪嶼有一漂亮的沙灘，同學們閒來無事就去戲水。有一次李培訓學長被浪捲到深海裡去，他個子很高，同學們都不敢去救，幸被一熟悉水性的泳客救到岸邊，才免遭滅頂之厄。

有一天，沙灘邊忽然戒備森嚴，不准任何人去戲水。後來查閱有關記載，方知為蔣中正以國民黨總裁身分於七月二十二日自廣州到廈門等地巡視，次日召見湯恩伯、朱紹良，二十四日自廈門赴台灣。

在廈門停留的時間似乎不大長。廈門街道整潔，人民生活安定。我們也曾去募捐，但商家均守法，對未持市府核准者，多不予理會。

載浮載沉到澎湖

老師們是如何與校本部取得聯絡，我一無所知。七月二十六日，澎湖防守司令部派了一艘小機帆船來接我們，船甚小，我們三十餘人全部在甲板上就已經擠得滿滿的了，船艙中則是放著他們從廈門購買的日用物品。記得是下午啟航，出了港口沒有多遠，就看到金門。入夜後，小船曾有兩次失去動力，隨波飄流，載浮載沉，好像有颱風，浪非常大，船在浪頭時，把船頂得高高的，船在浪底部時，海水則高高在上，體會到了「渺滄海之一粟」，人是多麼渺小！大家都怕得不得了，很多人在暈船，吐個不停。於翌日即七月二十七日總算是安抵澎湖馬公。下船後，叔叔和年紀較大的同學，就直接被帶到司令部編入三十九師一一六團從軍，我和高昂舉、趙汝真三個年幼的男生、以及三個女生：李紹珍、賀學芬、于鳳琴等六人，則逕入澎湖防守司令部子弟學校，我被編入初中三年級第四班，我因為初二僅讀了幾天，不敢跳升三年級，所以在編級測驗時，就改至初中二年級一班，以後大家習稱老初二一。

抵馬公不久，即遇颱風。瓦片、木板被吹的滿天飛舞，人不能站立，風力之驚人，為向所未見。

子弟學校初借馬公小學校舍，初二一在後排第一間，教室寢室合二為一，既無書桌椅，也沒有床鋪，捲起鋪蓋就是教室，席地而坐，後來發了一塊小圖板就是桌子，在泥巴地上舖些稻草，夜臥其上，夏天還無所謂，入冬則冷不可耐。

因為缺乏油水，每個人都食量奇大，到吃飯時，就要計劃如何搶飯吃，否則只有挨餓。有兩位同學為了搶稀飯，曾打架打到飯桶裡去。有一次吃午飯，飯中沙子特多，為了搶飯，又不暇細挑，遂吐滿地上，蔡教官素極嚴厲，見狀大怒，一聲「跪下」，無論身在何處，沒有一個人敢站著。課餘經常有

1984年5月6日，作者在馬公小學新建大門前留影，第一排教室，已改建為兩層樓房。

1975年7月19日，作者重遊馬公小學，在當年上課的教室頭上留影。

同學偷偷溜到海邊去抓螃蟹，放在小罐頭筒內煮食。澎湖風沙大，沒有蔬菜，當時最常吃的是南瓜，大家都吃膩、吃怕了，至今還有很多同學不吃南瓜。煮黃豆也是最常吃的菜，大家可以接受，現在仍令人懷念！有一次教會送了很多大桶的蛋粉，炒著吃，既可口又營養，張忠不吃蛋，便宜了和他同桌吃飯的同學。到澎湖的第一個中秋節，老師怕同學們想家，晚上將學生集合在月光下，每人分了兩顆大圓糖代替月餅。而王德弘、德毅兄弟竟然買了一瓶酒，坐在操場上靠近大門處，邀我共飲。

當時軍方還時常到校中抓人，也有一些不良人士企圖到校騷擾女生，故校門口則由男生輪流站崗，夜間則分班巡視女生宿舍。有一次夜間詐營，同學們都自宿舍中驚慌逃出室外，但又無人知道究竟發生了什麼事。值夜的男同學有時惡作劇，專抓夜間不敢上廁所而在寢室外就地方便的女同學。

我在福州時，曾寫信給在海南島三十二軍服役的三表哥孫盛林。當時行止不定，沒有指望他回信。不料到馬公不久，竟然收到他自海南島寄來的回信，地址寫的是「福州市山東流亡學生」，既無街道名稱，更無門牌號碼，沒想到這樣的一封信竟然自福州、廈門、一路追送至馬公。當時郵政之負責盡職，真令人佩服！而「流亡學生」之有名，也就可想而知！這封極有價值的信，在去服兵役時寄放在友人家，在一次颱風水災中泡了湯，殊覺可惜！

校中沒有洗澡的設施，同學們普遍有皮膚病：疥瘡、繡球風等。每隔一段時間，就排隊到司令部的澡堂去洗一次澡。蝨子、臭蟲更是隨時伴隨著我們，營養本就不良，又被吸血，莫不骨瘦如柴。李振清司令官有時到校巡視、講話，一高興就説：賞你們二百斤豆腐吃。所以大家希望司令官常常來。司令官的兒子、侄子李達天、李達地以及小姨子（我們戲呼小肥皂）都送到學校來就讀。

久借馬公小學也不是辦法，後來在馬小之東面興建了一所新校園，周圍有一土圍子，同學們可以很容易爬越圍子溜出校外。在遷校員林後，此處改為紅木埕營房，二十年後我路經馬公時，曾想入內懷舊一番，被衛兵所拒。數年後再去時，營房已遭剷平，蓋了一片民房。那座高高的水塔也不見了。滄海桑田，變化實在太大了。

在學校裡經常吃不飽，每逢假日，輒去叔叔的部隊上打頓牙祭。馬路都是珊瑚石，鞋子的磨損相當快，大家又沒有錢買鞋子，就到處找膠皮銼一下黏在鞋底，有時是「空前絕後」，木屐是很普遍的，同學們稱呱噠板，走起路來，鏗鏘有聲。

男女生分兩個伙食團，男生不夠吃，女生則有結餘，每人可分一點零用

1949年7月在澎湖從軍由二等兵做起的王文燮學長（中間著軍服者），1984年5月5日，以澎湖防衛司令部司令官的身份，邀請當年流亡途中的老同學去澎湖玩，在司令臺前合影。後排左起第四人為作者。

1952年8月15日，在澎湖子弟學校與老同學合影。前排左起：作者、張憲浩、李明儉，後排左起：冉令民、趙汝真、錢北辰、張忠。

錢。學校為了避免同學們將米飯偷拿回寢室，在吃飯時，男生到女生宿舍前吃，女生到男生宿舍前吃。有一天我蹲在女生宿舍前尚未吃完，有一位女同學已吃完要回寢室，進不去，她即講了一句：「好狗不擋路」。我即為她取了一個外號：好狗。這個外號並未叫起來，她可能至今也不知曾有此外號。

我有一次害眼疾，伙夫説是砂眼，他就用大頭針幫我挑，結果眼睛腫得像個銅鈴似的，睜不開眼，現在想想，是多麼危險和無知！不得不到馬公醫院去醫治。

初聽煙台聯中同學講話，有些聽不懂。一次吃豆腐乳，煙台聯中同學説吃豆腐「魚」，害得大家白高興一場。

省主席吳國楨一次到校視察，王篤修校長不在學校，由教務主任周畊莘（綽號莫醫生，以其貌似當時漫畫中主角莫醫生）代表接待，同學們集合在土圍子外，列隊迎接，周老師事先未經排演，及吳國楨到達校門口時，他忽振臂高呼「吳主席萬歲！」同學們一陣錯愕，沒有隨他呼，場面十分尷尬。

初到澎湖時，正流行唱〈保衛大臺灣〉歌，後來忽然禁唱了，原來是「大」與「打」諧音。每年十月三十一日蔣中正總統生日，學生照例上街遊行，反復高唱祝壽歌〈偉大的領袖〉，莫不賣力的唱，每人都唱的喉嚨沙啞！當時所有的人，都鬥志昂場，要保衛台灣寶島、反攻大陸。由於離家未久，每人都懷念家鄉、思念母親，所以以「故鄉」及「母親」為名的歌曲特別多，是那個時代的產物。

學校裡已有了黨務組織及活動，還帶有一些神秘色彩，黨部工作人員之選舉，也有派系之分，競爭激烈，其中以魯西北之老師人數較多，勢力也大些。我於民國四十二年經李超然、翟德輔(達三)兩師之介紹入黨，其實對黨務只是一知半解。魯西北派似以教化學之柳西銘師（訓導主任）為首，他們反對王校長，大家清清楚楚記得柳老師站在正對校門二樓的校長室下面大喊：「王篤修，你給我下來！」王校長在心力交瘁下，終於辭職，由教務主任苑覺非師代理。

遷校彰化員林

苑校長接任後，即致力於遷校工作，歷經無數艱辛，終底於成。四十二年二月十日午12:00遷校，自馬公搭船至基隆，下船後，步行至信義國小，秦德純主席來講話，告訴同學們要多說：「謝謝，不客氣！」及「不客氣，謝謝！」以增進人際關係。時在基隆警界任職的勞玉萃（改名意中）學長特到信義國小找到我和他的同鄉李英鸞學長在碼頭附近沿河的夜市飽餐一頓，那是抵達台灣本島後吃的第一頓美食，永不會忘。

自基隆乘火車至員林家職學校，校舍係魏蓬林師長令所部騰讓的。校名改為教育部特設員林實驗中學。四十二年八月一日，楊展雲鵬飛師接任校長，苑覺非校長以病辭。我適因啖鳳梨太多，染痢疾，瀉至不克起床，乃上報告向學校申購特效藥，楊校長見我名字，乃問王遜卿師我是否德平人？父親是否陶景惠？王師來問我，方知校長乃先父之師，我家兩代皆與有師生之誼，誠屬難得；而楊校長記憶力之強及聯想力之驚人，尤令人敬佩！

員林氣候溫和，盛產水果。某晚，我與趙彥賓在學校附近買一木瓜，走到一陰暗之小溪旁分食，剝開後，一股特有的「臭」味撲鼻，認為是壞了，被水果販所騙，遂丟入溪中。這是第一次吃木瓜的經驗。

在校中，我除喜好踢足球外，又迷上了排球，手指頭都裂了開來。因為手掌不夠大，很少打籃球。有時也玩玩單、雙槓，因臂力不大，沒有多大興趣。

四十年，我畢業於澎湖防衛司令部子弟學校初中部。當時曾傳言要會考，使大家都緊張了好一陣子。到了員林讀高二時，已經感受到升學的壓力，如果考不取，將何去何從？離開了學校，最起碼的吃、住兩大問題，又如何解決？茫茫人海，該如何是好？這個恐懼的陰影，一直籠罩在心頭。大家都很徬徨，不知道該怎麼辦。有人要志願留級，俟準備充分些再走出校門，倒不失為一個好主意，能拖延一段時間就拖延一下，自許延熇學長開頭後，便群相效尤。我在高二下學期之期末考試時，也跟著大家都繳白卷。留了一年後，並未感到踏實了多少。升高三後，共分四班，我被編在高三三，都是準備考文組的。

在準備功課方面，我最弱的是數學，那時聯考，若數學零分，其他各科考得再好也不錄取。於是便花了絕大部分的時間在數學上，聯考時數學考了四十多分，可是考取後，數學對我來說沒有什麼直接用處。我鄰座的滕以魯，對英文甚有興趣，他無論何時何地，都用在準備英文，他考上了師大英語系，英文的造詣，同學中沒有人比得上。可見讀書不能沒有目標、不能沒有計劃。我的英文沒有打下好的基礎，一生吃了不少虧。

四十四年六月畢業於高中部。當時參加聯考的大學只有：台大、師院（師大前身）、政大、台中農學院和台南工學院等五所。考場設在台大。同時北上聯考的同學，都住在新生南路的台北市立大同中學（今金華女中）教室內，我則到台大第八宿舍莊惠鼎的房間裡去借宿。除聯考外，我又參加了甫告成立首次招生的私立東海大學、及甫由台灣省立行政專科學校與省立行政專修班合併

1955年8月29日於員林實中畢業時與老同學合影。前排左起：李明儉、李玉亭、作者，後排左起：王亞曾、張憲浩、周承鎬。

改制的省立法商學院（現台北大學的前身）的單獨招生考試。在聯考放榜時，我不敢留在學校聽廣播，而躲到原斗國小陳傑家去。結果我考取了台大中文系，在放榜時，是第一校台大、第一院文學院、第一系中國文學系之第六名，學號：441106；是實中第一個確定上榜的人，由於沒有信心，不敢聽，翌日看報才得知這項好消息。同班中很多功課好的，填志願時不敢填台大，因為無法籌措學費，而填了可享公費的師院。我因尚有一點撫卹金，所以大膽的填了台大。至於在東海經濟系及法商會計統計系，則都考了個備取第八名。而張玉法、趙彥賓則分為東海及法商的榜首。那一年是我們實中升學考取人數最多的一屆。楊校長發給每位考取者新臺幣四百元，對大家幫助很大。於是告別了實中母校，也將具有特殊性質的「流亡學生」生活作一結束，轉入了人生的另一階段。

2004年5月15日脫稿

（原載：陶英惠・張玉法編：《山東流亡學生史》，P.157-176。台北，山東文獻出版社，民國九十三年八月一日出版。）

註1：《台灣省立員林崇實高級中學校友聯誼會慶祝母校建校三十週年紀念特刊》，頁六八～七一，彰化，員林，民國七十年十二月二十五日出版。

註2：我們棄車的地方，有人記得是江山站，有人說是賀村站，我清清楚楚記得火車是停在郊外，鐵道高出路面很多，可能就是江山與賀村兩站之間，絕不是車站裡面。至於在山頭上打火車的共軍部隊番號，

據楊學孜學長提供的資料，是解放軍第十六軍的四十六師一三八團二營五連三排。（石嘴山市抗美援朝老戰士會編、秦文棣主編《歲月成歌-----志願軍老兵話當年》，頁二七〇～二七二，銀川，寧夏人民出版社，二〇〇三年六月第一版。「追到一個叫江山的火車站，截住一列敵人拉運軍用物資和眷屬的火車，繳獲十分豐富。」）

第二章

千里姻緣一線牽

男女結為夫妻，大家一向以為是靠「緣分」，如「緣定三生」或「千里姻緣一線牽」等，不一而足。可是我中學的同班同學張玉法夫婦和我與內子四人的婚姻，並不是月下老人那根紅線，而應歸功於一根水泥匠懸吊鉛鎚作垂直用的繩子。這樣說看起來有點不可思議，可是事實確是如此！

「快郵送飛鎚・當頭一傢伙」

民國五十二年十一月十日（星期日），時在台灣省立嘉義中學任教的王克先兄，到台北來加朋友的喜宴。這天下午三時許，他與員林實中的同班老友張玉法、王衍豐、趙彥賓一行四人，行經台北市北門郵局右側時，正在興建中的郵電大廈，由於承包該項工程的中華工程公司施工時的疏忽，一個鉛鎚從四層樓上掉了下來，不偏不倚的擊中克先兄的頭部，他當場昏倒在地，血流如注。一時圍觀的路人很多，誤以為是有人輕生跳樓。

玉法等立即就近護送到鄭州街台北醫院急救，幸無大礙；真是吉人天相。事後研判，那個鉛鎚一定是先掉到鷹架的橫條上，經過緩衝後才掉到克先的頭上，而克先的頭是尖形的，鉛鎚的斜面由頭的斜面滑下去。否則，後果就真不堪想像了。

克先大難之後想作月下老人

克先住了將近一個月的院，我們這些曾共患難的老友，自不免常去探視，對他的「中獎」，十分憂心。克先嫂耿贊青女士一直在醫院陪他，對我們一些尚無適合對象的老友，也十分關懷，說要為我們介紹女友。等克先出院回家後，來信邀玉法和我去嘉義過年。由於我倆均為單身，每到過年過節，常為朋友們邀約的對象。但嘉義太遠，每屆春節時，火車票特別難買，故不免有些遲疑。克先又來快信催，謂已找好了兩位適合我們的女朋友，都姓李，嚴囑「勿逃」（逃、陶諧音）。我倆認為克先是用美人計，騙吾等前往；在半信半疑

前排右起：張玉法、李中文夫婦、明正及作者，與我們共同的媒人後排左起：王克先、耿贊青夫婦，2003年1月2日同遊中正大學。

中，乃於五十三年二月六日聯袂前往。克先在信中囑帶果汁牛肉乾，並指定要台北市西門町西瓜大王隔壁采芝齋的。當時不知是他信中寫的不清楚，或是我倆根本沒看清楚，就在西瓜大王左邊采芝齋買了牛肉乾，在右邊台鳳門市部買了一大箱果汁帶去，心中還有些納悶，難道嘉義連果汁也買不到嗎！辛辛苦苦提著到了嘉義後，才弄清楚贊青要的是在嘉義買不到的「果汁牛肉乾」，而不是到處可以買到的「果汁」及「牛肉乾」。因此，「果汁牛肉乾」便一直成為我和玉法被取笑的話柄，至今每一談起，仍不禁為之噴飯！

作者與明正的另一媒人李良、王文吉夫婦，1989年2月12日於台北市興隆公園。

先後步上紅地毯

克先沒有騙我們，他替玉法介紹的是在嘉義縣中任教的李中文老師，介紹給我的是在嘉義結核病防治院服務的李明正小姐。為私下稱呼方便，他又為兩位李小姐編了號，中文為李ONE，明正為李TWO。中文與贊青是縣中同事，明正則與贊青的表妹王文吉同學。文吉

1965年1月24日在台北市拍結婚照時與家人合照，前排左起：岳母胡定鳳、岳父李月白、家叔清銀、內弟李明儔，後排左為姨妹李明芝及作者夫婦。在喜宴及鬧洞房時，我請許延熇學長攝影，只見鎂光燈不停的閃，底片一捲一捲的換，因操作相機有誤，後來一張也沒洗出來。最美麗的一天開了天窗。

1965年1月24日結婚，赴阿里山度蜜月。24年後，作者夫婦再遊阿里山，在「永結同心」樹前留影。

與其夫婿李良教授（時任嘉義農業試驗所所長），溫文儒雅，古道熱腸，除了善盡「紅娘」的角色外，也提供了「花前月下」的美好環境。至於交往的經過，自不必細表。結果是：我與明正於五十四年一月二十四日結婚；前一天是「一二三自由日」，過了自由日，便加入了「不自由」的行列。玉法和中文，也在同年十二月二十五日步上了紅地毯，告別了「單身貴族」的生活。

我和明正曾數度為人作媒，冀有所回報；但是均未成功。可見執柯也不是一件容易的事。克先兄嫂曾撮合成許多對美滿的姻緣，而這次同時牽成我們兩對，想必一定有其獨特的妙術。我和玉法兩家幸福美滿的婚姻生活，不能不歸功於克先與李良兩位兄嫂；說得更妥切一點，則應是那條吊鉛鎚的繩子所牽成的。五十二年十一月十一日，《徵信新聞》（《中國時報》的前身）第三版報導克先「禍從天降」的標題是「快郵送飛鎚・當頭一傢伙」，俏皮而傳神。此事就克先而言，誠係「禍從天降」，無妄

快郵送飛鎚 當頭一傢伙
嘉一教員北來探友 經過大樓腦袋開花

〔本報訊〕行人路上走，禍從天上降。郵電大廈墜禍，一個中學教員受傷。

台北市中正路一八八〇號即北門郵局右側，一座正在興建中的郵電大廈，因施工不慎，將一個鐵鎚從四層樓上墜下，擊中一個正在旁邊經過的行人王克先，立即頭上開花，血流如注，當場昏迷不醒，經急送省立台北醫院救治。

傷者王克先，男，卅歲，江蘇人，是省立嘉義中學教員，日前來北探友，昨日下午三時許，正從郵局出來，行經郵電大廈附近時，突然被樓上所墜下一個鐵鎚擊中頭部，當場倒地昏迷。

事發當時，郵電大樓上的施工人員見已闖禍，紛紛向下探觀，路上行人見有一人躺臥地上血流如注，一時圍者如堵，甚至有人誤會又是一次跳樓事件，警方據報即至現場調查，原來是郵電大廈施工墜禍。案由市警五分局處理。

民國五十二年十一月十一日《徵信新聞》的報導。

之災；但對玉法和我來說，則應是「喜從天降」，「天賜良緣」。世事之難料，恐怕只能說是命中注定的吧！

結婚後，明正到戶政事務所辦理戶籍登記，戶政人員向她要戶長的圖章，她就將我的圖章遞上，戶政人員一看是「陶英惠」，就說：「不對，我要戶長的。」明正說：「沒有錯呀！陶英惠就是戶長。」戶政人員再仔細核對了一下身分證，也不禁啞然失笑！因為我的名字有點女性化，而明正，則是百分之百的男性名字。在婚前我去刻龍鳳章時，除了特別注明男女外，並當面交代刻印者，以免弄錯；否則一定會鸞鳳顛倒！

（寫於：民國九十四年，結婚四十周年紀念日）

1991年3月8日，作者夫婦在玉山新中橫之夫妻樹前。

第三章

退休茶話

——把酒話桑麻

故人具雞黍，邀我至田家。

綠樹村邊合，青山郭外斜。

開軒面場圃，把酒話桑麻。

待到重陽日，還來就菊花。

——孟浩然〈過故人莊〉

民國五十三年七月二日，承劉鳳翰先生之推介、郭所長廷以先生之厚愛，我誠惶誠恐的來到近代史研究所工作，不知不覺已過了三十五年半的時間。初到所時屬於年輕一輩；今天，除了幾位延退的同仁外，已是最老的了。記得初學作文時，不論題目是什麼，開頭總是喜歡用「光陰似箭，日月如梭」之類的陳腔濫調，那只是「少年不識愁滋味」式的無病呻吟，根本不解其意。現在總算體會出「光陰似箭」的真正意義了。今天，懷著一顆「感恩的心」，來對所有愛護我、幫助我的長輩及同輩們，表達一下衷心的感謝之意。

2000年1月28日，在退休演講會時的照片。

面前所擺的是近史所送作者的銀盾，所書「治學唯謹．敬事而信」八個字，係陸寶千先生手筆。近史所對我的總評價，不免多所溢美，當繼續努力以赴。

困窘的求學階段

民國三十七年的中秋，我離開了家鄉，開始過著流亡學生的生活。每天最重要的事，是如何把肚子填飽，挨餓的滋味實在不好受，所以無法認同「餓死事小」的名言；當初認為唸書才真正是小事。唸書既是小事，也就不會認真，自然也就讀不好。於民國四十四年能夠考上大學，連自己也感到有些意外！那一年東海大學首次招生，我考了個備取第八名，而同班的張玉法先生則是東海中文系的榜首；由行政專修班改制後的台北法商學院，那一年也是第一次招生，我也考了個備取第八名，而另一同班同學趙彥賓先生，則是法商的榜首。我唯一的正取是台大中文系，所以就進了台大。另外三位同班的王曾才、王德毅、馬先醒等先生，均在台大歷史系，所以到大二時我也轉入了歷史系。

在歷史系因為上了吳老師相湘教授所開的中國近代史課程，便對近代史發生了興趣。民國四十六年，中央圖書館擬將曾國藩重要幕賓趙烈文之《能靜居日記》五十四冊手稿本排印出版，由於手民無法辨認行草，檢排困難，要找人先予謄清，吳老師介紹我去抄寫，不料此事竟使我受惠無窮：除了可賺取一些抄寫費，對於生活不無小補外；又在特藏室主任徐玉虎教授不厭其煩的指導下，認識了不少草字，以後閱讀檔案文件或名人手蹟時，得到很多方便；八十二年三月二十日台大歷史系成立淡新檔案編印委員會，承張秀蓉所長聘為顧問，主要的工作是替他們辨認草字，真是始料未及的事。而我在中央圖書館抄寫時，也將有用的材料另作筆記，以後即成為畢業論文的主要材料，真可謂一舉數得。

民國48年6月在歷史系畢業。畢業論文由吳相湘教授指導，題目為〈湘軍攻克金陵考證〉，最主要的參考材料就是《能靜居日記》，因為此前很少有人利用過其中的材料；一篇學士論文，能用此類新材料，也算是難能可貴的。此文承陳捷先教授厚愛，在其主編的《幼獅學報》二卷二期（民國四十九年

恩師吳相湘教授。1996年10月重遊北京大學第一院原址「紅樓」。

能靜居日記
(一)

趙烈文之《能靜居日記》影印本，原本54冊，現藏國家圖書館。

四月三十日）發表。我在文末特予註明：「本文承吳相湘師指導，謹此誌謝。」以示不忘師恩。後來承王聿均先生介紹到國史館工作時，即以此文送呈羅家倫館長審閱，幸蒙錄用。由於該日記尚未引起學人的注意，後來又寫了一篇〈關於趙烈文《能靜居日記》〉，發表在民國五十二年七至八月出版的《文星雜誌》第六十九及七十期。除了介紹其史料價值、特別是有關太平軍的記載外，也據以指出郭廷以先生所編著的《太平天國史事日誌》及《太平天國曆法考訂》中若干小錯誤。郭先生看到了這篇短文，大約認為我在研究方面還算細心，復經劉鳳翰先生進言，所以錄用了我。大家都知道，郭所長對羅館長尊敬備至；可是他們兩位都和吳相湘教授有一些芥蒂，但都沒有將他們那一代的不愉快延伸到我這個學生身上，前輩風範，令人感佩！而郭所長對於指出其錯誤的後輩，不僅沒有在意，反予錄用，這種胸襟，尤非常人所能做到！

民國四十八年完成畢業論文後，讀到陳壽恆編著之《太平天國風雲人物誌》，發現其中有許多錯誤，乃寫了一篇書評，登在六月五日出版的《台灣新生報》《讀書週刊》第四期，其中也引用了《能靜居日記》作為證據，加以糾正。到了民國五十年二月十五日，吳老師介紹我去拜見負責《新時代》雜誌編務的杜呈祥教授時，他仍然記得我寫的這篇書評，而給予肯定，並立即答應我去社中工作。原來他就是《讀書週刊》版的主編。想不到我一生所曾服務的三個單位《新時代》雜誌社、國史館及近史所，竟然都與《能靜居日記》有些關聯。

由《新時代》雜誌社到國史館

民國五十年二月，服完了預備軍官役，承吳老師介紹到《新時代》雜誌社擔任助理編輯的工作，於三月一日到職。《新時代》設在台北市南昌街正中書局編審部，主編為毛子水教授，杜教授則負責實際編務，兩位都不在社中上班，我是第一個也是唯一的一個專職人員，所有的稿件、函札、資料等，由我送到杜先生家處理。五月十五日，我便轉至國史館工作。在《新時代》雖然只有短短兩個半月的時間，卻也學到一些編排校印的技巧，不料因此便與印刷出版結下了緣。

1964年4月14日於台北市北平路2號國史館門口。

到國史館工作，是由劉鳳翰先生轉託王聿均先生介紹的。王聿老雖為介紹人，但在為我寫介紹信給羅館長時，他和我尚未曾謀面。這是我永遠不敢忘記的。

在國史館主要的工作是蒐集、整理抗戰史料。當時國史館館長和黨史會主任委員都由羅家倫先生擔任，兩個單位的資料調借非常方便，羅館長將民國二十年至三十四年的各種報紙和期刊自黨史會調來，記得有《東方雜誌》、《國聞週報》以及各地的《大公報》、《中央日報》、《掃蕩報》、《新華日報》、上海的《時事新報》、《新聞報》等，我差不多都翻了一遍，收穫至大。一般諷刺公務員上班為喝茶、看報、聊天，而我的「看報」卻是正經事。

轉職近史所後的研究工作

五十三年七月轉至本所工作後，郭所長囑先圈點《四國新檔》中之「俄國檔」及《道光咸豐兩朝籌辦夷務始末補遺》；告一段落後，再奉命整理《中俄關係史料》民國九年部分，共出版了三冊：《俄政變》（五十七年一月）、《一般交涉——附俄對華外交試探及停止俄使領待遇》（五十七年十二月）、《中東路與東北邊防——附外蒙古》（五十八年六月）。在整理檔案的同時，也在考慮自己的研究方向和範圍。由於對於近代史尚乏全盤的了解，不敢選大題目，擬先從人物傳記著手。幾經考慮，便選定了本院創辦人蔡元培先生。除多方蒐集其有關史料外，並陸續寫了一些單篇文章。在蔡先生的生平事蹟方面，已發表的有〈蔡元培的生平與志業〉、〈蔡元培與清季革命〉、〈蔡元培在香港的垂暮生活〉等，又應一些期刊之請寫過多篇小傳，內容詳略不一；原計畫編一部詳細的年譜，僅完成了1868-1916部分，至於1917-1940年間的資料，雖也大致蒐集齊備，嗣因調院擔任行政工作而輟筆；及至擺脱了行政職務後，同類的著作已有數種問世，為避免與人雷同，深感下筆為難，一再蹉跎，終未能將年譜完成。對蔡元培在教育、學術等方面的貢獻，曾撰有〈蔡元培與民國教育之發展〉、

〈蔡元培與北京大學1917-1923〉、〈蔡元培與大學院〉、〈蔡元培與中央研究院〉等數篇；又曾參加中華民國建國史之撰寫工作，完成〈開國時期教育文化的創新〉、〈民初時期的學術研究〉、〈統一與建設時期學術研究之成就〉、〈戡亂與復國時期學術研究之成就〉等四篇。這兩部分的內容，原擬加以綜合整理，去其重複，可成為一本專書；亦因瑣事太多未能著手。以後若有餘力，仍將把「年譜」以及「蔡元培對教育與學術的貢獻」這兩本書寫完。已完成者有兩本小書：一為中華文化復興運動推行委員會主編的《中國歷代思想家》中第五十一本《蔡元培》，於民國六十七年六月由商務印書館出版；一為《現代中國思想家》第五輯《蔡元培》，民國六十七年十二月巨人出版社印行。

1988年11月2日，與明正在北大未名湖畔蔡元培先生銅像前。

民國七十七年十一月，我到設在北大的「蔡元培研究會」訪問，見到了心儀已久的高平叔教授，他特自天津南開大學趕來相會，大家曾就如何推動有關蔡先生的學術研究活動交換意見，決定以高教授所編《蔡元培全集》為基礎，再廣事蒐集蔡先生的著述文字，編一部更完整的文集，定名為《蔡元培文集》。後因編者均為大陸學者，我一人在台，與之聯繫不便，不克參與實際編務，僅將自己多年來所找到未刊或《全集》未收錄的文字，悉數提供給他們分別編入。該書於一九九五年五月由台北錦繡出版公司印行，共十四本，高教授是名副其實的主編，承其厚愛，也給我掛了個副主編的名義。

我因為研究蔡先生的緣故，對於本院的歷史也特別有興趣。民國六十七年本院成立五十周年時，錢思亮院長即計畫編寫院史，我奉命撰寫自十六年成立到抗戰爆發一段；院長室秘書那廉君先生負責寫抗戰時期；遷台後的部分，則由秘書主任萬紹章先生執筆。三人分頭工作，但未就體例等有所協商。我根據本院早期的出版品如：《年度總報告》、《院務月報》、各所的期刊、以及黨史會所印《革命文獻》中有關本院的資料等，先摘記大事，按時間順序排列，計完成七萬餘字，供撰稿時查考之用。後因院裡再也沒有提及此事，也就未再繼續作下去。民國七十七年，為本院成立一甲子，吳大猷院長重申前議，命那先生和我負責纂輯。我因工作太忙，主要是由那先生負責。他將我的一篇舊作〈蔡元培與中央研究院〉打散、修改，作為第壹章初創時期；第貳章抗戰時期、第參章復員時期由那先生撰寫；遷台時期則由各所提供資料，再加以整合，於七十七年六月六十周年院慶前夕倉卒印出，而我已先於4月底離開了總辦事處秘書組，未能始終其事；吳院長在序文中對我曾參與纂輯工作表示謝意，益增慚愧。

調院服務八年，案牘勞形

民國七十年八月十八日上午，忽奉錢思亮院長召見，他開門見山的說，秘書主任萬紹章先生已屆退休之年，要調我暫兼秘書組工作。（可能是萬先生推薦）我一聽之下，頓感手足無措，連忙懇辭。自忖一生甚少接觸公文，對公文真可謂一竅不通，而秘書主任一職，正是全院公文的「集散地」，千鈞重擔，怎麼能挑得起來？乃尋找種種理由向錢院長說不能從命，也不敢從命，為全院工作著想，務請另覓適當人選。可是錢院長就只有一句話：「你可以做」。談了兩小時，在心理上完全沒有準備的情形下，再也沒有理由可說了，既然固辭不獲，只有勉強答應試試，惟請每天半日在秘書組工作，半日回所整理一下未完的研究工作。當即獲得錢院長同意。自七十年九月十六日正式調任。到了秘書組以後，才體認到何謂「案牘勞形」！公文如流水，一會兒就積案如山，全天應付，猶恐處理不完，怎麼可能再半日回所？後來錢院長談起他初任

1982年10月5日，錢思亮院長頒獎給該年度中央研究院最優人員，右起：作者、動物所李文蓉、數學所陳明博。作者退休時，因這個榮譽紀念章多領了21,600元。

1983年11月1日，吳大猷先生（右起第2人）接任中央研究院院長，就職典禮結束後，即在蔡元培館門口交代作者（左起第2人）要辦的事。

北大化學系系主任時，就知道勢必要與研究工作告別，從那時起，他便一直做行政工作。

錢院長於七十二年九月十五日病逝，我在秘書組為時恰好兩年整；時值第一期五年計畫實施未久，院務特別忙，原以為等新任院長接事後，便可趁機擺脫；沒想到接任的吳大猷院長，於十一月一日就職時，不帶一個私人，對各單位主管均予留任，又承切囑繼續相助。我與吳院長沒有任何淵源，深感其明快的作風及誠懇的態度，遂允暫時留任，以為過渡。錢、吳兩位院長，係多年老友，可是性格、作風截然不同，吳院長在〈念思亮兄〉文中說：「我們的脾氣有時適相反；他的謹慎、心細、忍耐、認真，而我則對人對事，喜怒形於色；有時粗枝大葉，不耐細節。」面對這種情形，我要如何調適、並與之配合，不能無慮。直到七十七年四月底，因為一件人事案與韓總幹事意見不合，乃拂袖而去，不留絲毫迴旋餘地，仍舊回所做研究工作。蔡元培先生嘗自謂

「一生難進易退」，令人敬佩；我這次的憤而辭職，下意識裡或許也有一些想效法的意味！當時許多同仁對我的去職表示真摯的遺憾，讓我覺得正是我離開的最好時機，即所謂見好就收；同時也証明我在秘書組所做的一切，還沒有讓大家失望。惟事後反省，當時頗讓吳院長為難，不免有些歉意。八十二年八月一日，在胡適紀念館管理委員會呂主任委員實強先生的推薦下，又承吳院長聘兼胡適紀念館主任。由此可見，他老先生對我五年前的斷然求去，似乎並沒有太介懷。

1994年7月7日第21次院士會議晚宴時作者與李遠哲院長。

民國八十三年一月十五日，李遠哲繼吳大猷先生任院長。二十二日上午，他忽然約我去談。我和他雖然在院士會上打過照面，但無任何私交。見面後，他首先說，民國四十八年，是與我在台大同屆畢業的，以拉近距離；接著即請我再「屈就」秘書主任。（他的解釋是：在秘書主任之上已增設了處長，職等較前降低，所以說是屈就。）我即答以當年好不容易擺脫，決不願再跳火坑。

1994年1月27日，李遠哲院長到胡適紀念館巡視，右起：洪月霞、陳宏正、萬麗鵬、李遠哲、呂實強主任委員、柯月足、徐靜華、作者、李祖印。

李院長又再三說他在國外多年，回來很想為國家多做點事，惟苦無行政經驗，希望我不要拒絕。語至誠懇。答以容慎重考慮後再行答覆。二十五日上午，已內定為處長、尚未發表之李國偉啣院長命來促駕，至感允拒兩難。二十七日上午，一位熱心推動胡適研究的企業家陳宏正先生，陪同李院長到胡適紀念館察看，我與呂主任委員實先生在館接待，由呂先生說明紀念館目前之困難以及解決之道，李院長允將此事放在心上，相機協助解決。談完了紀念館的問題後，李院長便再問我考慮的結果，陳先生係多年的畏友，他也在旁敲邊鼓，令我不便再行峻拒；乃告以經連日詳加斟酌，可以重回秘書組，惟請以一年為期，李院長再三稱謝而去。三月一日，乃又回到秘書組，並自嘲為「三朝元老」、「復行視事」。高前總幹事化臣先生，在《中央研究院週報》中看到我又被借重回秘書組的消息後，特別打電話來道賀。他說，他深知我在民國七十七年辭職時所受的委屈，如今總算再度受到肯定，證明好人不會永遠被寃枉。老長官的一番慰勉，雖然有些溢美，可是非常溫暖！我聽了頗多感觸，不禁熱淚盈眶！由高先生的電話，因而暗自思量，這次明知案牘勞形之苦，却仍然承擔下來，雖係出於李院長之誠心相求，可是內心深處，未始沒有想趁此機會，讓當年寃枉我的人看看，我尚有可資「借重」之處！這種下意識的報復心理，現在想想，當時真是年輕氣盛，仍不覺啞然失笑！

我的聘期雖是自三月一日生效，其實在二月十七日，即開始以個人身份為李院長工作了。首先就是拜讀其到院後之第一次演講稿：〈中央研究院未來的發展〉。這是一次相當重要的演講，正式宣示對研究院之大政方針，講稿乃其親撰，他謙虛的說：因久居國外，對遣詞用字，不無困難，且多英語式句法，故請我代為潤飾。

民國八十四年二月底，到秘書組一年之期屆滿，即先期呈辭，以信守承諾。延至三月十五日李院長覓妥了繼任人選方辦理移交，重獲自由之身。在這一年中，大約是年齡的關係，感到身心俱疲，對於處理行政工作，已失去了耐性。計在秘書組，歷經錢、吳、李三任院長，載筆相從，前後竟長達約八年之久。

在交接茶會上，李院長送我一件禮物，在打開前，他讓我猜是什麼東西？我看包裝的樣子，衝口而出說是悶燒鍋！他問何以猜是悶燒鍋？我未答。一方面是因為悶燒鍋乃當時問世不久的暢銷品；而真正原因，是使我想起了七十七年辭去行政工作時，吳院長在五月十八日《民生報》的那篇短評：〈美國官員去職寫回憶錄〉，暗示讓我離開秘書組之後少說話。李院長說，不是悶燒鍋，而是一個「九龍鼎」，謂我曾任三位院長的秘書主任，而鼎有三足也。我實在愧不敢當。至

1995年3月15日，交卸秘書主任兼職時，李遠哲院長（中）讓我猜他送的禮盒中是什麼禮物？ 右為接任的戴華。

於他是否想與錢、吳兩位院長鼎足而三？我就不便妄加猜測了。

回想錢院長之所以要我接秘書組工作，可能與院士會議有關。民國六十一年七月，本院舉行第十次院士會議，萬紹章先生因秘書組人手不足，而院士會議工作太繁雜，所以臨時拉我去幫忙作紀錄。這本來只是臨時幫忙性質，未料竟成了一件推不掉的工作：六十三年七月的第十一次、六十五年七月的第十二次、六十七年七月的第十三次、六十九年七月的第十四次院士會議，都成了當然的紀錄員。七十年九月，我接任秘書主任後，雖不再擔任紀錄，但要負責籌備整個院士會議的工作，這是秘書組兩年一次的重頭戲，比單純的作紀錄麻煩多了。七十一年七月的第十五次、七十三年十二月的第十六次、七十五年七月的第十七次、以及八十三年七月的第二十一次院士會議，都是我在「如臨深淵、如履薄冰」的心情下完成的。若不是此前曾擔任過五次紀錄的工作，後來四次的籌備工作真不知會不會出什麼差錯！

八十三年七月的第二十一次院士會議，是李院長接任院長後所主持的第一次院士會議，所幸一切都很圓滿。十九日下午，他特別到我辦公室長談，再三謝謝辦理院士會議之辛勞，謂如果沒有我相助，就不會這麼順利。我於八月二日赴大陸旅遊，並陪侍家叔回老家為祖父母掃墓，二十一日返台，恰好趕上二十二日李院長在學術活動中心的午宴，他一方面是向參加院士會議之全體工作人員表示謝意；同時也歡迎張光直副院長到任，共十桌。李院長在宴會開始時致詞說：「總辦事處主管會報原訂八月八日舉行餐會，後來方發現是一個錯誤的決定，原因就是因為陶主任赴大陸旅遊尚未回來；幸虧老天爺也認為不妥當，及時使我們有所改正，八日當天吹起中度颱風道格，風雨強勁，使我們改期。陶主任昨晚返台，本人明天赴歐，今天則是最好的時間。」全場為之大笑！他以十分幽默的話語強調這次宴會不能沒有我參加，以突顯我對院士會

1994年8月18日，與小姑許陶氏、叔叔、妹妹在老家祖父、祖母安葬處立碑祭拜。

議貢獻之大！又說，他聽到很多院士向他反映，盛讚各位工作同仁之工作努力，同仁們所付出的辛勞，也算有了代價。

瑣碎的編印工作

如前所述，我是因為第一份工作在《新時代》雜誌社，從而與編印結了緣；例如本所集刊，我曾歷任助理編輯、編輯委員和執行編輯。從創刊號到第四期下冊，共出了六本，由我擔任助理編輯，第七至九期擔任編輯委員，到第十期終於熬到了執行編輯。無論擔任的職務是什麼，我都是全程參與者。值得一提的是民國五十八年八月出版的創刊號，由李毓澍先生擔任執行編輯，用直排方式；到了第二期，執行編輯是李國祁先生，便改成了橫排。

自七十年七月第十期集刊出版後，雖未再參與集刊的工作，但到了七十七年六月一日，剛擺脫掉秘書主任職務回所僅一個月，又接下了本所出版小組委員兼召集人，直到八十三年三月一日再回秘書組，方獲辭去出版小組的工作。在這五年九個月中，不少同仁們的大著，在出版前我都有機會仔細拜讀，目的雖在校改錯字，但也獲益匪淺。

八十八年二月六日聽了張存武先生的「退休茶話」演講，才知道本院早期所出版的《中央研究院簡訊》，他是催生者；這個刊物雖小，卻是同仁們獲得院中消息的重要來源，後來因故停刊。我到秘書組後，深感同仁們缺乏一座溝通的橋樑，乃與人二室主任閻琴南先生共同創辦了《中央研究院週報》，於七十三年十一月一日打字影印出版，分送各同仁。這份小刊物，至今仍在繼續出版，對於研究本院歷史的人來說，應有小小的幫助。《簡訊》及《週報》之創刊，都出自本所同仁之手，似乎也可以說是「先後輝映」。

此外，一些與所務無關的編印工作，則多係拜張玉法先生之賜：民國六十年二月一日，他自美國回來後創辦了《新知雜誌》季刊，到六十三年十二月一日停刊，共辦了四年。他在前三年用直排方式，到了第四年則改用橫排。《新知》停刊後，他又發動創辦《山東文獻》季刊，於六十四年六月二十日出版，至九十二年三月二十日休，共維持了二十八個年頭。這兩個雜誌，經常由一、二人或二、三人輪流主編，曾耗去了我不少時間。山東文獻社除出版雜誌外，也編印了一些專書，其中有兩本，是我本著「有事弟子服其勞」之義，為兩位老校長編的回憶錄：一為一聯中劉澤民校長的《海隅談往》，一為澎湖防衛司令部子弟學校王志信校長的《前塵往事憶述》。我又與王校長合編了一本《山東流亡學校史》。在張玉法先生的主持下，山東文獻社結合兩岸學者數十人，編纂《民國山東通志》，分派給我

1998年7月19日於李敖家，左起：汪榮祖、唐德剛、劉紹唐、作者、李敖。

的卷三十二「人物志」，業於九十一年九月十二日由山東文獻社出版。此外，吉星福張振芳伉儷文教基金會編纂《山東人在台灣》叢書，我也曾參與了一些編務，和于宗先、陳希沼兩位先生合編《工商篇》，在尚未完稿時我即因故退出。在將近四十年的歲月中，幾乎未曾間斷過編校的工作。退休後仍然無法擺脫，就是與張玉法奉王故校長志信先生遺命要編印的《山東流亡學生史》，也於民國九十三年八月一日由山東文獻雜誌出版。

1969年1月5日歡迎徐積鍇夫婦。前排左起：劉鳳翰夫人黃慶中、劉紹唐夫人王愛生、徐積鍇夫人、內子李明正。後排左起：章君穀、劉鳳翰、徐積鍇、蔣復璁、梁實秋、劉紹唐、作者。

此外，還有一項與編印有關的工作，即《傳記文學》。民國五十二年十二月二十日，台大同班同學李敖（敖之），在文星書店介紹我認識《傳記文學》雜誌社的劉宗向（紹唐）社長。那時《傳記文學》創刊才一年多，缺少人手，所有發行等瑣事，只有吳君璞一人照料，紹唐希望我下班後在晚間去幫忙看看稿子，他略致薄酬。我便於二十三日開始到社工作。直到六十五年四月二十六日，因為本身的研究工作太忙，才辭去了這份兼差。前後竟長達十二年又四個月之久。

在這段期間，我不僅又學到了一些有關編印的知識及技巧；更重要的是，紹唐為了廣闢稿源，對於知名作家、學者，都積極建立關係。由於《傳記文學》的知名度越來越大，各地的作家、學者，也都想一識韓荊州。因此，他的交遊也越來越廣，我則因緣際會認識了很多名家，增長了不少見聞。例如民國五十七年三月，劉紹唐決定編印《徐志摩全集》，請梁實秋、蔣復璁擔任主編，我是直接參與工作的助理，有幸得與梁、蔣兩先生面談，聽他們談論徐志摩與張幼儀婚變的事。而張幼儀偕其夫婿蘇季子醫師，於五十七年六月二十七日由日返港經過台灣，曾到梁教授家交換編全集的意見，並允向滬方友人蒐集有關資料，供編全集之用。據梁教授轉述：「徐與張的婚變，並不盡如外間之傳說。真知底細者，不願道人家庭私事；不知者卻往往以權威人士自居，根據道聽塗說，加油加醋，大事渲染，甚可怪也。」徐志摩的兒子積鍇（字如孫）在美經商，也於五十八年一月三日偕其夫人來台，劉紹唐於一月五日中午，假台北市中山南路十三號交通部招待所為之洗塵，到有梁實秋、蔣復璁、毛子水、劉鳳翰、章君穀等，我與內子明正也應邀作陪。真是一個難得的盛會。梁教授很幽默，徐積鍇則不善言談，他們夫婦同年生，去年在美共過一百歲生日。為編全集事，他特別向我道謝。他也帶來徐志摩再婚時梁啟超給徐志摩的信，十分珍貴。

《徐志摩全集》於民國58年1月31日初版。梁實秋在＜編輯經過＞云：「（述…）以上數事，做起來不簡單。傳記文學社特聘陶英惠先生主其事。陶先生是歷史學者，對於史料整理自是擅場，但在此時此地編纂志摩全集，資料難得，在可能範圍之內校讎爬梳，亦復煞費周章，耗時將近一載，始告蕆事。」

和歷任院長的機緣

我最初以本院首任院長蔡元培先生為研究重心，尚無具體成績可言。七十六年十一月十六日，奉張玉法所長之命兼理本所新設立之院史資料室業務，歷經陳三井、呂芳上三位所長，聘期至八十八年八月三十一日屆滿六十五歲為止；至八十八年三月二十五日，院史室併入檔案館，得以提前卸任；總計十一年四個多月。對於張所長當初的期望，雖未完全達到，但也因緣際會徵集到一些檔案。如錢思亮院長的檔案，是我經手徵集來的；王世杰院長的檔案，係經我穿針引線從旁所促成。在三月二十五日交接的座談會中，我曾將徵集各檔案的來龍去脈略作說明，檔案室主任許雪姬小姐頗感興趣，承其好意，特請蔡淑瑄小姐來作口述訪問；我為了讓以後利用這些檔案的人，知道其來歷，同時也想藉機會表達一下對捐贈者之感謝，使其美意得以長存，乃欣然接受了訪問。承蔡小姐費神整理成稿，至為感謝。

在院史室中所庋藏者，主要為朱家驊院長之檔案；八十二年八月，奉命兼胡適院長的紀念館主任。本院自成立至今，共有七位院長，想不到我都能攀上了一點關係，確屬難得的機緣。由於職務上的關係，得常親謦欬者竟有三位院長，對錢院長的寬厚、周到；吳院長的風骨嶙峋、純真、以及他以「逆來橫受」（吳先生致王世杰院長函中語，見民國五十六年八月二十五日《王世杰日記》）自況的性格，都獲得直接的觀察和認識！看了很多，也學了不少。行政工作雖然繁雜，不過偶爾也會遇到一些意想不到的趣事，除可作為「新儒林外史」的材料外，也可以調劑一下疲憊的精神。回憶前塵，在研究方面雖然乏善可陳，念及曾為別人做過很多的服務，並未虛度歲月，這對平庸的我來說，已經很滿足了。

我嘗戲以跳社交舞為例，說明與曾親炙過的三任院長之關係：錢院長與高化臣總幹事，都是老公事，而我則好比是初次跳舞的生手，只能跳女步，被帶著起舞而已；他們怎帶領，我就怎麼跟；一個命令，一個動作；邊做邊學。在吳院長與韓忠謨總幹事時，吳說他不懂行政，不願浪費時間、也沒有耐性處理公文，韓則是遇事授權、能推就推，只要不讓他擔負責任就行；在這種情形下，我改跳男步，既要帶著跳這一步，又要想如何走下一步；邊策畫，邊執行。真是身心俱疲！至於李遠哲院長，因為他很少在院內坐鎮，經常在院外風塵僕僕、到處奔波，似乎對教改會、教授治校、校園民主等事，更有興趣些！而羅副院長銅壁先生，行政經驗豐富，處理公事，非常細心、周到，深為同人所敬愛！同時，在秘書主任之上，又增設了處長，而處長年富力強，力求表現，凡事搶著做，我好像是多餘的，聊備一格而已！猶如在跳舞時坐冷板凳的，看別人跳。我知道該是退場的時候了。其實，最後這次進場，的確有點多此一舉！

民國89年1月24日脫稿，1月29日在近史所退休茶會上講。

（刊於中央研究院近代史研究所編印：《近代中國史研究通訊》第29期，PP.23-31。 民國89年3月出版。民國95年6月10日修訂。）

第四章

《山東文獻》休刊雜感

二十八年前，由於自己是學歷史的，並生為山東人，對山東有一種與生俱來的濃厚感情，所以義不容辭的投身《山東文獻》編輯工作，冀能對桑梓文化有一點貢獻。一幌二十八年過去了。創刊號是我編的，現在休刊號又輪到我來編，說起來有始有終；可是內心真有些不捨！歲月不饒人，編輯部的同仁，都已從自己原來的工作崗位上退休，照說可以有更多的時間來灌溉這片園地，怎奈精力已不容許何！同仁們幾經斟酌，認為已對故鄉盡了應盡的心力，不得不作了休刊的痛苦決定，在本期出版後暫時劃下休止符。

在編輯的過程中，有許多感人的故事，當然也有不少辛酸！現在不是要「算總賬」，而是有些事情，在落幕的時候，理應讓所有的作者、讀者以及支持本刊的鄉親們有所了解。這二十八年來，本刊的經費始終不太寬裕，但也從未「斷糧」；每當印刷費快要不繼時，只要在文獻中透露一下，贊助的款項便會源源而來。最令編者感動的是，一直默默在贊助本刊者，並非都是高收入的人，有些年邁的鄉長，將兒女孝敬的生活費撙節下來，予以贊助，我們收到後，實在有些不忍，但又不能拂其愛護桑梓文化的美意，只有更用心編輯，來作為回禮。

在選取稿件方面，可能是最具爭議的話題，也是最令人感到不滿意的地方。有些鄉親曾對連載的長稿表示異議，要知道：本刊每期需要十萬多字，如果都是一、二千字的短稿，每期勢必要百篇左右的稿子，這對編者來說，要找這麼多篇稿件，真是談何容易！有些長稿，編者也深知不具可讀性，但確是值得參考、保存的珍貴史料，有人在其中查到了先人的名字或簡單的事蹟，進而順著這個線索找到一些相關記載，十分高興！這就是史料性稿件的價值所在。

編者在選稿時，自應儘可能的對稿中所述史實有所了解，但最讓我們感到困難的是回憶性的文字，作者所寫親身經歷，並不見諸其他任何文字紀錄，簡直無從查証。為此，我們曾險些吃上連帶官司，也曾遭受過語言上或文字上的暴力恐嚇。所幸在我們誠懇的面對並詳加解釋後，也都獲得了諒解！我們旨在為桑梓保留一些史料，無意藉此刊物袒護誰或羞辱誰；但對明顯的捏造史實、有意厚誣他人文稿，則恕難照登。

每篇文稿，在作者來講，都是嘔心瀝血之作，總不免有「敝帚千金」之情；但編者要考慮一本雜誌的多樣性，不能不有些「獨裁」的成份。惟取捨之間，純為就事論事，並無個人恩怨存乎其中。至今社中尚有一些積稿未能刊出，無論我們有什麼冠冕堂皇的理由，也不會獲得作者充分的諒解。對這些作者，我們只能敬致深深的謝忱和歉意！

天下沒有不散的宴席，謹在此敬祝所有支持本刊的作者和讀者們，身體健康，萬事如意！

（原刊：台北，山東文獻，第二十八卷，第四期，封底裡，民國九十二年三月二十日出版。）

1995年5月21日，於山東文獻創 20周年展覽會場合影。右起：何國隆、張玉法、張存武、作者。

輯二

感念和懷想的前輩及師友

第五章

胡適撰擬致蔡元培獻屋祝壽函

民國二十五年元月十一日，為蔡元培（孑民）先生七十歲生日，這是當時教育、文化、學術界的一件大事，徐蔚南編印《蔡柳二先生壽辰紀念集》（柳亞子五十歲），由中華書局出版，徵集當代名流學者文字繪畫，彙刊成冊，作為紀念。藝術大師劉海粟等又發起創設「孑民美育研究院」，以孫科為籌備委員會委員長，吳鐵城、錢永銘為副委員長，常務委員為：孔祥熙、王世杰、朱家驊、王曉籟、王雲五、何炳松、杜月笙、沈恩孚、李聖五、李大超、柳亞子、張壽鏞、黃伯樵、舒新城、潘公展、劉海粟。編印紀念集不過是「秀才人情」，設美育研究院，係為推廣蔡先生主張美育的學說思想。此外，尚有一項別開生面的活動，就是他北京大學的舊日師生獻屋祝壽。

蔡元培先生一生致力於教育、學術和文化事業，地位崇高，其生活卻一直是非常清苦的。他在〈自寫年譜〉中記述十一歲喪父

1968年1月11日，為蔡故院長元培先生百歲誕辰，中央研究院舉行酒會，並為其半身銅像揭幕。蔣總統中正（中持手杖者）於上午輕車簡從，步行至山坡上的蔡元培館，親臨行禮，王世杰院長（左第二人）陪同上山。蔣總統對於到南港的路面顛簸不平表示不滿，下午警察局即督促重修。此前中研院辦公文報修，無人理會。

後，家道中落，靠母親周太夫人典質衣飾、克勤克儉維持生活；光緒三十三年（一九〇七）赴德留學之費用，係託新任駐德國公使孫寶琦的兄弟寶瑄及葉瀚為之關說，由孫使每月津貼學費銀三十兩；又與商務印書館約定在海外為商務編書，由商務每月送編譯費百元，以供家用；及抵德後，在柏林又以國學授唐紹儀的四個姪子，每月得束脩德幣一百馬克。他自己形容當時過得是「半傭半丐」的生活，連吳稚暉先生都為之感到不安，在覆蔡先生的信中說：「先生處境之困，社會有人，當引為罪。」民國二年三月，宋教仁遇刺案起，蔡先生於六月二日自歐歸國抵滬，路費則是臨行時向李石曾、張靜江兩先生借了二千五百佛郎。自民國六年出任北大校長，到十六、七年擔任大學院院長、中央研究院院長以後，一直賃屋而居，是個現在所謂的「無殼蝸牛」。

以蔡先生的地位，竟然沒有一所自己的住屋，的確是一件不可思議的事，他從前在北大的師生，深感過意不去，在民國二十四年發起集資建屋獻給老校長，作為他七十歲壽辰的賀禮。九月七日，由蔣夢麐、胡適、王星拱（撫五）、丁燮林（巽甫）、趙畸（太侔）、羅家倫（志希）等六人聯名致函蔡先生獻屋祝壽，蔡先生經過三個多月長時間的考慮，終於二十五年一月一日覆函決定接受他們對於「一個終身盡忠於國家和文化而不及其私的公民」獎勵的美意。

這兩封信，是當時文化界一件非常有意義的文獻，寫得都很好，獻屋者的對象不是蔡先生個人，而是蔡先生所代的崇高人格和傑出貢獻；蔡先生所以坦然接受，也不是為了個人可以有一個住家和藏書的地方，而是對獎勵「一個終身盡忠於國家和文化而不及其私的公民」這件事表示贊同。這兩封信曾合印為一冊，前面影印蔡先生親筆書寫的答謝函，後面以仿宋字排印獻屋祝壽原函。由於獻屋祝壽函是排印的，究竟為誰撰稿，似未有人提及。筆者近覓得原稿，方知為胡適先生起草，經王世杰、

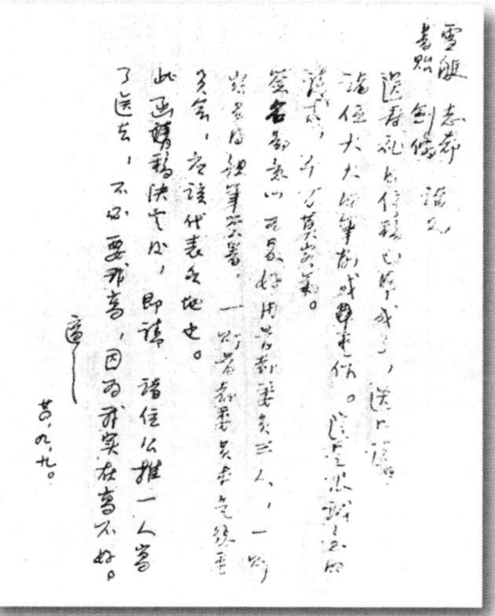

胡適擬就獻屋祝壽函稿後給王世杰、羅家倫、段錫朋、陳寶鍔等發起人的信。

羅家倫等先生修改後定稿。二十四年九月九日，胡先生致函雪艇（王世杰）、志希（羅家倫）、書貽（段錫朋）、劍脩（陳寶鍔），附了所草擬的獻屋祝壽信稿請他們修改，茲錄之如下：

雪艇　志希

書貽　劍脩　諸兄：

送壽禮的信稿已草成了，送上請

諸位大大的筆削或重作。這是很誠意的請求，千萬莫客氣。

簽名鄙意以為最好用首都委員三人，一則容易得親筆簽署，一則首都委員本是總委員會，應該代表各地也。

此函稿決定後，即請諸位公推一人寫了送去，不必要我寫，因為我實在寫不好。

適之　廿四、九、九

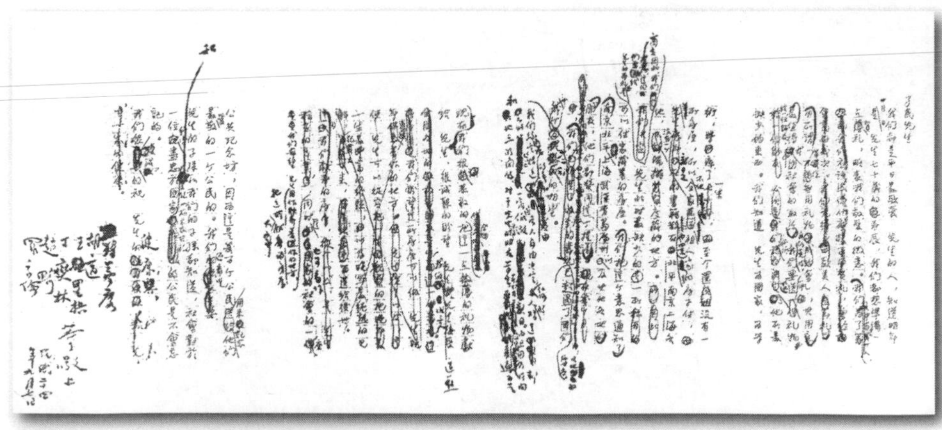

胡適所擬給蔡元培獻屋祝壽函原稿及羅家倫等修改的筆蹟。

修改後的獻屋祝壽函是這樣的：

子民先生：

我們都是平日最敬愛先生的人，知道明年一月十四日，（註）是先生七十歲的壽辰，我們都想準備一點賀禮，略表我們敬愛的微意。我們覺得我們要送一件禮物給師友，必須選他所最缺少的東西。我們知道先生為國家，為學術，勞瘁了一生，至今還沒有一所房屋，所以不但全家租人家的房子住，就是書籍，也還分散在北平、南京、上海、杭州各地，沒有一箇歸攏庋藏的地方。因此我們商定這回獻給先生的壽禮，是先生此時最缺少的一所可以住家藏書的房屋。我們約定這次贈送的參加，由各人自由決定：任何人的贈送，都不能超過一定低微的數目；而且因為時間和地點的關係，對於先生許多的朋友學生，並不及普遍的通知。可是各地的響應，已超過了我們當初的期望。

現在我們很恭敬的把這一點微薄的禮物獻給先生；很誠懇的盼望先生接受我們這一點誠意！我們希望先生把這所大家獻奉的房屋，用作頤養、著作的地方；同時這也可看作社會的一座公共紀念坊，因為這是幾百箇公民用來紀念他們最敬愛的一箇公民的。我們還希望先生的子孫和我們的子孫，知道社會對於一位終身盡忠於國家和文化而不及其私的公民，是不會忘記的。

我們很誠心的祝

先生的健康！和

先生一家的健康！

蔣夢麐　胡　適　王星拱

丁燮林　趙　畸　羅家倫

中華民國二十四年九月七日

（註）蔡元培先生生於清同治六年丁卯十二月十七日，他在〈自寫年譜〉中換算為陽曆一八六八年一月十四日，後來才更正為一月十一日。此處作一月十四日，可能是依照當時錯誤的換算。

蔡先生答謝祝壽獻屋函釋文如下：

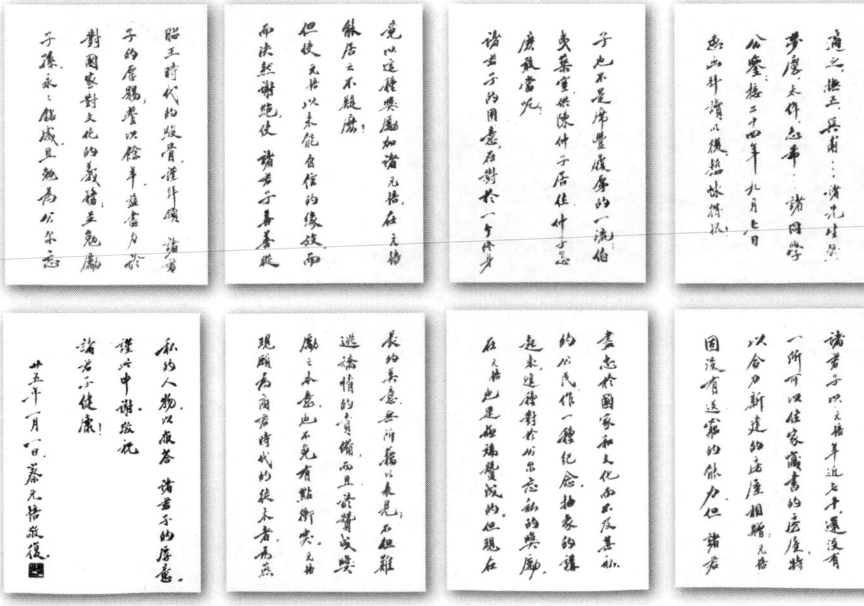

適之、撫五、巽甫……諸先生暨夢麐、太侔、志希……諸同學公鑒：

接二十四年九月七日惠函，拜讀以後，慙悚得很！諸君子以元培年近七十，還沒有一所可以住家藏書的房屋，特以合力新建的房屋相贈；元培固沒有送窮的能力，但諸君子也不是席豐履厚的一流；伯夷築室，供陳仲子居

蔡元培復函

住，仲子怎麼敢當呢？

諸君子的用意，在對於一個終身盡忠於國家和文化而不及其私的公民，作一種紀念。抽象的講起來，這種對於公爾忘私的奬勵，在元培也是極端贊成的。但現在竟以這種奬勵加諸元培，在元培能居之不疑麼？

但使元培以未能自信的緣故，而決然謝絕，使諸君子善善從長的美意，無所藉以表見；不但難逃矯情的責備，而且於贊成奬勵之本意，也不免有點衝突。元培現願為商君時代的徙木者，為燕昭王時代的駿骨，謹拜領諸君子的厚賜；誓以餘年，益盡力於對國家對文化的義務；並勉勵子孫，永永銘感，且勉為公爾忘私的人物，以報答諸君子的厚意。謹此申謝。敬祝
諸君子健康！

二十五年一月一日 蔡元培敬復

茲就上述三函補充説明四點：（一）獻屋祝壽原函中，用毛筆改動者為王世杰先生筆跡，信末「祝先生的健康」句中「健康」二字及署名、日期等均為羅家倫先生手筆；至於段錫朋、陳寶鍔兩位先生似未參加修改。（二）胡先生致王世杰四位先生函作「九月九日」，而羅先生在獻屋祝壽函末所加日期為「九月七日」，比胡先生送他修改的信稿反早了兩天，顯不合理，兩信的日期一定有一封是寫錯了的，此無關緊要。（三）由胡先生的兩封信中，藉知為蔡先生集資建屋事，曾在南京、北平、上海、武漢、青島、廣州等地設有委員會，而總委員會設在南京。當時王世杰先生正在南京國民政府擔任教育部長，很可能就是這個總委員會的負責人，經查《王世杰日記》，二十四年僅有一月十二日、七月十七日、八月九日三天的日記，沒有

1988年11月5日於上海華山路303弄16號蔡元培先生故居，前排右起：李贛駒（李烈鈞哲嗣）、唐振常、蔡睟盎（蔡先生次女，時任中國科學院上海分院測試計算中心高級工程師）、作者。後排右起：蔡朝暉（蔡先生令孫）、蔡懷新（蔡先生四子，時任復旦大學物理系教授）、楊心月（懷新之夫人）、明正。

記有關委員會的事；在胡先生的日記中，也沒有查到相關的記載。所以委員會的組織以及集資情形，無法獲得進一步的了解。（四）據高平叔先生在《蔡元培年譜》中云：「嗣因全國對日抗戰，淞滬淪陷，建屋之舉未能實現。」筆者前乘返大陸探親之便，曾至上海華山路三〇三弄十六號蔡先生故居參觀，那是一幢兩層半的西式樓房，一九八四年十一月十四日，上海市文物保管委員會公布列為「上海市文物保護單位」，藉示對一代大師的尊敬！屋外由市政府粉刷、油漆，尚稱整潔，內部則年久失修，所有陳設的傢俱，都是蔡先生那時留下來的，油漆剝落，顯得非常陳舊。蔡先生次女公子睟盎、四公子懷新楊心月夫婦、孫子朝暉（孫女茁平赴美留學）都住在這幢故居內，沒有多餘的錢維修。可見其子女至今仍無「送窮的能力」。

胡先生於四十七年四月自美返臺接任中央研究院院長時，也沒有一所可以住家和藏書的房子，先總統蔣中正先生，特將其《蘇俄在中國》一書外文譯本之版稅，撥出新臺幣四十八萬元，在南港中央研究院院區內為胡先生建了一幢平房，作為棲身及辦公的地方。胡先生於五十一年二月二十四日故世後，研究院即將其住宅改為「胡適紀念館」。蔡先生由其朋友和學生為之集資建屋，胡先生則由國家元首撥款興築，可見對國家真正有貢獻的人，一定不會寂寞，且將永遠受到肯定和尊敬！

本年十二月十七日為胡適先生百歲誕辰，謹以此文，聊表紀念之忱。

（原刊：台北，傳記文學，第五十八卷，第一期，頁八一－八六，民國八十年元月一日出版。）

1988年11月6日，蔡睟盎女士陪作者夫婦到紹興蔡元培先生故居參觀、致敬。

第六章

想念在南港重建中央研究院的朱家驊院長

一九四九年，在兵荒馬亂中本院能夠播遷來台，是朱家驊（騮先）院長的功勞；史語所在楊梅鎮火車站的舊倉庫裡待了五年多，得以遷至南港、重建本院並奠下發展基礎，更是朱院長的功勞。二〇〇六年六月三日上午，筆者應邀在朱院長一〇八歲誕辰紀念會中，以〈朱家驊先生與中央研究院〉為題，就朱院長對中央研究院之重要貢獻做專題演講。茲值在南港建院五十年紀念之時，飲水思源，謹再記兩件與朱院長有關的小故事，作為對他的一點懷念！

（一）台車與六十元交通費

一九五八年，我自台大到史語所找畢業論文資料，是騎自行車來的，相當辛苦。一九六四年七月，我來到本院近史所工作，那時除了劉明先生所駕駛的一部交通車外，公路局行駛台北車站至南港本院之客運公車，每天只有十二班。如果沒趕上交通車或

1948年9月23日，中央研究院成立第20週年紀念會暨第一次院士會議合照。前排中為朱家驊院長，右起第四人為胡適。

2000年6月3日上午，在朱故院長家驊先生108歲誕辰紀念中演講，講題為＜朱家驊先生與中央研究院＞，右為副院長楊國樞。

公路局班車，最經濟實惠的交通工具，就是自南港坐台車來院。胡適之先生在尚未擔任院長時，於一九五四年三月二十一日來南港舊莊參觀本院建造中的第一期倉庫工程（為安置在楊梅的十六家史語所同人的宿舍和單身宿舍工程），就是坐在台車上撐著雨傘進來的。

那時每人薪水袋中都有六十元的交通費，直到一九八七年六月，才改發車票補助費，未住院區附近者，所領不止六十元，住院區附近者，則不再補助。這六十元的來歷，據會計室老會計主任吳家槐先生說：本院於一九五四年十二月初遷南港時，交通十分不便，對外聯絡唯一最便宜的交通工具，就是運煤的小台車，附近連賣菜的也沒有，太太們買菜一定要到南港街上，台車的車資是一元，來回就是二元，當時大家都沒有冰箱，必須每天跑一趟南港，一個月就需六十元的坐台車費，是一項大的開支。朱院長為減輕同仁們的負擔，特排除萬難，設法每人補助六十元交通費。對同仁來說，這真是一筆很大的收入。

朱院長對同仁無微不至的照顧，由此可見一斑，真是感人至深！

一九六六年二月，傳聞台車道將要拆除，我和在史語所工作的內子李明正利用中午休息時間，帶著相機去拍台車，留作紀念。所附照片背後白色的建築物，就是南港自來水廠，當時正好有兩部台車交會，算是一張難得的鏡頭，只是照片小了點，也不夠專業水準。

1966年2月，明正走在研究院路即將消失的台車道上。

（二）興建行政大樓的一段插曲

一九五七年十一月，朱家驊先生卸下了十八年代理院長的重擔。一九六三年一月三日下午，以心臟病發在寓所溘然長逝。一個禮拜後，即元月十日，本院院務會議一致通過以新建宮殿式之民族學研究所辦公大樓，定名為「朱家驊館」，作為永久紀念，明確表達全院同人愛戴的熱忱。該大樓古色古香，是院中唯一的一幢中國式建築，非常典雅，一九六六年三月，我曾以它為背景為內子拍了一張照片。至一九八五年七月，民族所因不敷五年發展計畫使用，遷至

1966年2月，明正於民族所（朱家驊館）前，21年後拆除，建了現在的總辦事處行政大樓。

另一新建的研究大樓，院裡編列了四百萬元維修費，擬稍加修理後再分配給其他研究單位使用。不料韓忠謨總幹事忽然改變主意，將四百萬元維修費繳回國庫，並要拆除這幢大樓，就地改建行政大樓。

本院遷南港後，在有限的經費下，總是儘先興建各研究所的房舍，總辦事處的各單位，則分別向各研究所借地方辦公，如數學、化學、物理等所，都曾是總辦事處的「房東」；由於分散在不同的地方，各所同仁到總辦事處洽公，也要跑好幾個地方，在時間及行政效率上，都是極大的浪費。一九八六年，有一家報紙披露了這個怪現象，引起了各界的關注。六月四日下午，台視記者張德芬、莊靈兩位特來採訪總辦事處無專屬辦公室之事，由我代表說明，於七日中午播出。這時，正是本院執行第二期五年計畫期間，經費比較寬裕，於是編列了興建總辦事處行政大樓的預算。當時奉命負責設計興建行政大樓的，是植物所研究員兼土地規劃小組召集人鄔宏潘先生。

在要拆除舊民族所大樓前，我正奉調總辦事處兼任秘書組主任，曾和總辦事處幾位有關的單位主管多次交換過意見，認為要到一筆行政大樓興建經費實在不易，應妥覓一適當地點興建，舊民族所之位置並不相宜。同時，要拆除這幢具有特色的大樓，也實在可惜。原先設計興建七層，一進大門就是七層的建築物，不免有些突兀，再改為四層。我認為如要蓋在這裡，就建議將這個大門封閉，改在一〇〇巷另闢一大門；因為當時這個大門太隱蔽，外人來院時，不容易找到，請鄔先生將愚見轉達韓總幹事。不料韓總幹事立予拒絕，謂改動大門，事涉風水，會影響院長，絕對不能改動。（按：本院最初之大門為研究院路二段一三〇號，位於經濟所與現在民族所之間，後來改至舊民族所的左邊，門牌為研究院路二段一二八號，這也就是本院地址有兩個門牌號碼的原因。改過大門後，並未聽說影響了那一位院長。既然可以由一三〇號移至一二八號，為何就不能再向前移一下呢？令人費解！）

一九八七年一月二十七日上午，鄔先生又催各組、室主任速畫各該單位辦公室圖樣，他好彙總後據以設計全圖。我與總務主任趙保軒、人事主任周國卿、人（二）副主任閻琴南三位先生，同到鄔先生的研究室，共同商談興建事宜，大家都知道很難和韓總幹事溝通，要先找好比較適合的替代地方再去請示，冀能有所挽回。我等五人攤開全院地圖找尋，認為有兩處很適合，一為生醫所對面的空地（即現在基因體研究中心大樓處）；一為學術活動中心右前側（即現在地球所大樓處）。選好了替代地點後，推請鄔先生代達，鄔先生則堅持要五人同去向韓總幹事報告。我們五人到了物理所四樓總幹事辦公室對面的小會議室，報告我們的想法。我說，首長的辦公室，似乎不宜設在大門口。韓總幹事即斥責我是封建思想作祟！我馬上聯想到他前幾天說改大門影響院長的話，究竟誰是五十步？誰又是百步？不禁啞然失笑！我們再報告替代地點的方案。韓總幹事對我們所建議之兩處，根本不清楚其確實位置，就立即斬釘截鐵的一口否決，並有點怒容滿面的說：「你們是否不願拆除你們現在之辦公室？」趙保軒先生說：「恰恰相反，當年興建之會計室、總務組辦公室及消費合作社（位於現在行政大樓的後方稍偏右），均不成格局，十分失敗；所以現在興建新的行政大樓，不能不慎重將事。」韓總幹事更怒氣沖沖的斥責說：「那你們五人一起來是什麼意思？」言下頗有吾等聚眾請願或要挾之意。這時，我的山東臭脾氣有些按捺不住了，乃高聲抗辯。韓總幹事馬上聲言他不能作主，你們問院長去。吳大猷院長的辦公室就在隔壁一間，我即起身走出，韓總幹事也尾隨而來，口中仍在唸唸有詞，我也大聲述說更改地點之理由，冀能引吳院長出來詢問何事，以便說明。其實，我們在會議室的爭論，吳院長早已聽到了，但仍充耳不聞，穩坐其室中，大約不便當眾裁決。我等五人，已無計可施，遂一同下樓散去。我的職責為秘書組業務，本不負責興建工程，遂不再過問此事。古色古香的「朱家驛館」，不久即失去了蹤影，走入歷史。在韓總幹事離職後，大門是如何移至現在位置的？我因已離開秘書組，不清楚其經過；但是對自己當年建議改大門的那點先見之明，上述雖然有些詞費，但也不免有一點點欣慰！我從日記中摘出這段經過，只是憶述本院在南港的一個小小插曲，聊供同仁們的談助。韓總幹事與吳院長，已先後謝世。當年同去與韓總幹事爭論的五位單位主管，雖然都已退休，但仍均健在，當可為我所說的每一句話作見證！

民國93年10月24日晚脫稿。

（刊於《中央研究院週報》第994期，P.4-6，93年11月4日出版。）

第七章

王世杰與兩航案真相

——王雪艇先生百年冥誕紀念

紹唐社長道席：前在

貴刊先後拜讀廖碩石先生〈追懷王世杰先生〉（五十二卷一期）及倪渭卿先生〈我對王世杰先生的看法〉（五十二卷五期）兩文，均提及民國四十二年十一月王世杰（雪艇）先生被免去總統府秘書長之事，所記互有出入，且不完整。此事關繫雪艇先生的令譽至鉅，終其一生，未見有任何文字的辯解。

本年（民國七十九年）三月十日為雪艇先生百年誕辰，中央研究院近代史研究所承其女公子秋華教授及哲嗣紀五先生提供其全部日記，影印出版，作為紀念。由於雪艇先生一生，曾擔任過很多重要公職，對國家有相當大的貢獻與影響，所以這部日記極富史料價值，對研究近代政治及外交史的學者們，將可提供許多可貴的線索和證據，以詮釋過去一些不能了解的問題。弟有幸參與此項日記編校工作，出版前得到閱讀的便利，在其民國五十二年（一九六三）一月二十三日的日

1982年4月21日，中央研究院在美國文化研究所舉行王世杰逝世周年紀念會，請陶希聖演講。右起：錢思亮院長、總統府秘祕書長馬紀壯、陶希聖、王世杰次女秋華。

記中，曾對十年前被迫解除總統府秘書長職務一事有詳細的記載，茲將原日記抄錄如下，以供讀者參考。

民國五十二年一月二十三日王世杰日記釋文（原墨蹟見下圖）

昨晚民航空運公司董事長王君文山自東京來臺，與余細談中國商運航空公司（即所謂兩航公司——中國航空公司、中央航空公司）在香港所發生之危機及其處理之經過。民國四十二年十二月十八日，[註1]余被迫解除總統府秘書長職務，與王君所談有深切關係，但當時及其前後經過之事實，余至今尚不盡悉，經王君細告，始獲完全明瞭。茲略記王君所言，及余因此事與蔣先生衝突之經過，略記如左：

（一）民國三十八年冬大陸淪陷，兩航公司飛機約百餘架停在香港。我政府（在臺北）為避免該項飛機為中共政權所獲，乃於卅八年十二月卅一日（次日英政府即承認中共政權）[註2]與陳納德將軍商定，將該項飛機移作陳等所臨時組織之美國公司財產，陳等允付四百餘萬美元作代價。

1963年1月23日王世杰日記原蹟

（二）後來中共律師代表向港法院控訴，陳等在一審二審三審均失敗。最後陳等覓得有力律師（Donavan？）〔註：N.C.Dunning，為前外交部長陳友仁之子陳丕士〕出面，在華府運動若干議員，出而反對英政府，並以向美國上下院提議停止美國對英經濟援助相威脅，於是，英國倫敦政府之司法委員會，始承認陳等之所有權，陳等乃獲勝訴。

（三）當民四十一年二審失敗之後，陳納德囑其律師端木愷向我政府請求，勿向陳等責付代價。余當時亦覺我如於爾時嚴索代價，不特不能生效，且陳等如因此而不積極上訴，飛機將悉為共匪所獲，因於端木申請書上提議緩追。蔣先生當時曾親批「如擬」兩字並親署「中正」二字。

（四）至民國四十二年十二月，註3陳等雖已勝訴，但飛機尚未盡售，未及繳出其依約應繳之款。蔣先生甚怒。其初嚴責經手此事之葉公超、嚴家淦等。嗣經黃少谷註4查出余於前年致彼之函（謂總統已批准緩追），乃謂余當時在公文上錄由不詳，意存矇混，免余秘書長職。實則余及總統府秘書人員無絲毫矇混之意，蔣先生亦或明白；惟蔣先生既先已辱呵葉、嚴諸人，乃不得不以余為「替死羊」耳。

（五）嗣陳等陸續將四百餘萬美元代價完全交給我政府，此一公案乃告了結。（似在民國四十四年）

（六）王君文山言，陳納德將軍絕非圖利，其用意只在助我，使該百餘架飛機不落共黨之手。假使在卅八年年底陳納德未承辦接收，則此百餘架飛機，於一、二日儘可大量運兵至臺，擾亂或奪佔臺灣，其危險有不堪想像者。又如民四十一年冬，余如不提議緩逼陳納德，則其訴訟殆不免完全失敗，因陳納德律師或不願盡力在華府作政治活動。

此事發生在民國四十二年，依照雪艇先生注重保存史料的習慣，理應在當時的日記中留有記載，令人遺憾的是自民國三十七年八月十七日至四十八年八月二十八日這十一年恰巧沒有日記，無法了解他對此事的立即反應和感想。而使人驚訝的是他為兩航公司案被免職，但對免職的前後經過，直至五十二年一月二十二日晚與民航公司董事長王文山晤談之前，「尚不盡悉」，「經王君細告，始獲完全明瞭。」真是糊裡糊塗的被免了職。廖碩石在貴刊五十二卷五期〈王世杰與中蘇友好條約〉文末直指：「先總統蔣公是『錯怪了好人』」，雪艇先生則在日記中說：「余及總統府秘書人員無絲毫矇混之意，蔣先生亦或明白；惟蔣先生既先已辱呵葉、嚴諸人，乃不得以余為『替死羊』耳。」字裡行間，仍是無怨無尤。前輩風範，真不可及！至於兩航案的得失，留待史家去研究、評論。謹就與雪艇先生有關部分，公諸於世，在其百年誕辰前夕，聊表追思及敬佩之意。專此　敬祝

編安

陶英惠　敬啟

七十九年二月二十六日

（原刊：台北，《傳記文學》，第五十六卷，第四期，頁一四－一七，民國七十九年四月一日出版。）

1966年，王世杰院長（前排中）在中央研究院招待林語堂（前排左起第二人）與何應欽（前排右起第二人），第一人為史語所所長李濟，後排右起第一人為近史所所長郭廷以。

註：該文刊出後，香港鄭仁佳先生，提供了兩航案主角之一的中國航空公司總經理劉敬宜（一八九七－一九七三），於一九五九年以「說夢客」筆名，所寫〈鬥法紀實－兩航財產爭奪案始末〉一文，在《傳記文學》第五十六卷，第五期（民國七十九年五月一日出版），頁四四－五〇重刊。羅家倫先生的女公子羅久芳教授，繼在《傳記文學》第五十七卷，第三期（民國七十九年九月一日出版），頁四七－五一，發表〈從先父羅家倫日記及家書看王世杰免職案〉一文，羅、王為多年至交，過從甚密，羅先生在其日記中留下了直接的觀察和紀錄。十多年後，陳納德夫人陳香梅女士又在《傳記文學》第八十卷，第二期（民國九十一年二月一日出版），頁三八－四一，發表了〈驚心動魄的兩航事件〉，也是非常珍貴的直接史料。就這幾項史料詳加比對，兩航案的來龍去脈，應該很清楚了。

註1：根據民國四十二年十一月二十四日出版之〈總統府公報〉第四四七號，總統於十一月十七日明令免職。

註2：英國於民國三十九年元月五日承認中共。

註3：似為十一月之誤。

註4：當時葉公超為外交部長，嚴家淦為財政部長、黃少谷為行政院政務委員。

第八章

追隨錢院長思亮先生兩年小記

中央研究院錢院長思亮先生，於民國五十九年六月四日到院，七十二年九月十五日下午六時四十分在臺大附設醫院病逝。噩耗傳來，震驚學術界。筆者有幸在他一生的最後兩年，追隨左右，得親謦欬，對這位一代學界巨人，獲得直接的觀察與認識，真是難得的機緣。他對國家教育學術的許多貢獻，除了報章雜誌已有詳盡的報導外，應該由專家學者們去研究、發掘；筆者僅就兩年來的所見所聞，或為外界所不太熟知的瑣事，略記一二，藉表敬悼之意。

調兼秘書　機緣難得

民國五十三年七月，我進入中央研究院後，就一直在近代史研究所從事研究工作，沒有擔任過行政方面的工作，所以沒有機會、也沒有必要和院長打交道。七十年暑期，一天忽然接到通知說院長召見，真想不透是為何事。比至如約到達院長室，錢先生

就開門見山的説，秘書主任萬紹章先生已屆退休之年，調我暫兼秘書組工作。一聽之下，頓感手足無措，連忙懇辭。自忖一生甚少接觸過公文，真可謂一竅不通，而秘書主任一職正是全院公文的「集散地」，千鈞重擔，怎麼能挑得起？萬先生學養俱佳，並有豐富的行政經驗，深知自己的能力，不及萬先生的萬分之一，乃搜索枯腸，尋找種種理由向錢先生説不能從命，也不敢從命，為全院工作著想，務請另覓適當人選。可是錢先生就只有一句話：「你可以做。」談了二小時，在心理上完全沒有準備的情形下，再也沒有理由可說了，既然固辭不獲，只有勉強答應。自七十年九月十六日正式調秘書組工作，至七十二年九月十五日錢先生病逝，為時恰好兩年整。兩年以來，在他老人家的身邊，看了不少，聽了不少，更學了不少。

1970年6月4日上午，台大校長錢思亮接任中央研究院院長，由總統府秘書長張群（中）監交，右為代理院長、化學研究所所長魏嵒壽。下午，錢院長在蔡元培館歡迎酒會致詞云：「昨在台大畢業生會上說，諸位在台大4年畢業，我則19年（他做校長19年），與諸位同時畢業；大學畢業，又進研究院，是順理成章之事，願諸君也能入研究所繼續深造。」頗幽默。

尊師重道　身體力行

有關錢先生的重要學歷，大都耳熟

能詳；其小學、中學部分，則鮮為人知。數年前，錢先生曾自書學歷表一份，承那廉君先生抄示一份，彌足珍貴，謹照錄如下：

（一）初　小：北平第二十五初等小學
民國六年九月至七年一月　肄　業（插班入三年級）
天津私立第一小學
民國七年四月至八年六月　畢　業

（二）高　小：北平高等師範附屬高等小學
民國八年九月至十一年六月　畢業

（三）初　中：天津私立南開中學
民國十一年九月至十三年六月　畢　業

（四）高　中：天津私立南開中學
民國丨三年九月至十六年八月　畢　業

（五）大　學：國立清華大學化學系
民國十六年九月至二十年六月　理學士

（六）研究所：美國伊利諾大學化學系
民國二十年九月至二十一年六月　理碩士

（七）博　士：美國伊利諾大學化學系
民國二十一年九月至二十三年六月　哲學博士

錢先生在生前，也曾多次和我談起他求學及教書的一些往事。他的德文是從楊丙辰先生學的，俄文則是隨楊澤榮先生學的，楊先生教書非常認真，錢先生的俄文，在班上始終考第一名。他求學的態度是，對授課認真老師的課，就認真學習，成績就一定好；對不認真的老師的課，便不認真學習，所以成績就平平。「教不嚴，師之惰。」

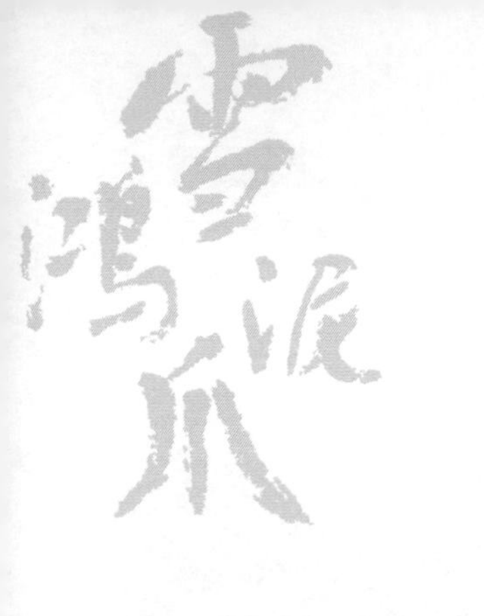

1983年5月15日，錢思亮院長（右）在其母校美國伊利諾大學接受1983年名譽科學博士學位。自5月1日出國，至6月16日返，長達一個半月之久，旅途勞頓，返國後即告不支，住入台大醫院。

可見老師對學生的影響是多麼大。錢先生的英文和法文老師的名字，我已忘了，但是記得他告訴過我，他英文名字Chien Shin-Liang中「Shin」字的拼法是錯的，正確的拚法應該是「Ssu」。我問為什麼不改一下呢？他說，這是他的英文老師給他拼的，不便更改，這位老師是南方人，對於「思」和「師」二字的字音是不分的。我聽後肅然起敬，其尊師重道之精神，由此可見一斑。也正因為他如此尊師重道，所以對今年五月十五日到美國伊利諾州香檳城去接受他母校伊利諾大學授予的名譽科學博士學位一事，特別看重，當秘書組擬稿向總統府報備，文中稱「赴伊大……」，錢先生核稿時，在「伊大」之上親加「母校」二字。加這兩個字的含義，真是太深了。

在今年四月二十六日中央研究院的一次午宴上，幾位院士談論一些著名學者獲得博士學位的年齡問題，認為三十歲能拿到就很難能可貴了，生物組的黃周汝吉院士便問錢院是幾時拿到的，錢先生答是二十六歲那年拿到的，全桌均感驚訝，立即舉杯致敬。

民國二十三年六月，錢先生在伊大獲得博士學位後，立即束裝返國，八月就聘為國立北京大學化學系教授，授普通化學。錢先生說，北大的學生，在新老師來上第一堂課時，照例要考考老師，他沒有被考倒，從此深受學生愛戴。他說，除了選他課的學生外，還有在教室外面偷聽者。錢先生具有超乎常人的記憶力，凡上過他課的學生，不僅都記得他們的姓名，甚至在若干年後，連每個學生考的分數都記得一清二楚。他說在任臺大校長的後期，有一次遇見石油公司的兩位朋友，口稱老師，都說是他的學生，但他就是想不起何時教過這兩個人，當面不便追問，可是對自己的記憶力又深具信心，深感納悶。事後經過調查，才確定這兩個人是他在北大時的「偷聽生」。

用人惟才 胸襟磊落

五、六年前，中研院曾引起外界一連串的責難，其中一項是說人事不諧，有學校派系之爭。去年十一月間，錢先生和我談起他對用人的態度。他說他是浙江人，但生於河南，在平津讀書，不能講家鄉話，所以一向沒有省籍或地域觀念。又因為讀過書的學校和服務過的學校甚多，所以也不太注重校際的差別。他在用人時，向不注意其出身那個學校，只注意其最高學歷和能力；因為獲得較高學位的人，所讀過的學校一定很多，沒有辦法很清楚的將他歸類在那一個學校，例如某人是政大的學士，臺大的碩士，清華的博士，究竟算他是那個學校出身呢？所以出身何校是沒有什麼意義的。

錢先生說，在國外著名的大學，大多不用本校畢業生任教，例如

美國的哈佛大學化學系，喜歡聘請伊利諾大學化學系的畢業生，伊利諾大學則多半延攬哈佛大學的學生。因為每個學校的教學和訓練方式不同，這個辦法，可以吸取其他學校的長處，以彌補本校的不足。他在臺大校長任內，曾聘請過許多位非臺大人擔任院長、系主任等職務。這種高明的見解和磊落的胸襟，應可供主持教育、學術的先生們參考。

1982年4月13日晚，在圓山大飯店金蘭齋為鄧昌黎院士餞行。右起：總務主任趙保軒、錢思亮院長、作者、資訊所副所長鄭國揚。

謙和寬厚　風範長存

錢先生的為人，謙和平易，凡和他共事或接觸過的人，都會有同感。在去年五月二十二日，錢先生召我去討論一些公事。談完了公事，他慢言慢語的對我解說他為什麼不和別人爭論，即使有人當面罵他，也會不生氣。他說，並不是個人修養好，更不是笑罵由人，好官我自為之，而是真的沒有什麼好生氣的。他自信對問題的反應很快，而且判斷正確，考慮周詳，很少有錯。既然錯不在己，而對方有所誤解，可加以澄清，而不必與之爭論，更沒有主動攻擊別人的必要。又說他對他的上司，不論地位、聲望是高或低，都非常尊敬。如任臺大校長時的歷任教育部長，不一定都比他資深，但在行政體制上，教育部長是他的頂頭上司，錢先生都予以尊敬，絕不倚老賣老，令對方難堪。事實上，他對他的屬下，又何嘗有過輕視的心理或疾言厲色！聽他娓娓道來，真是如坐春風。這些事情，說起來輕鬆，聽起來也很平常，但是做起來而且能始終如一，就太難了。余生性魯鈍，遇事考慮欠周，而且具有山東人的固執脾氣，自認為對於任勞尚勉可做到，對於任怨則沒有辦法。老校長的一席話，不是對我作正面的責備或糾正，而是以身教、言教來使我有所醒悟，給我上了最有意義的一課。

父子院士　傳為美談

民國五十年八月二十七日，中央研究院第四屆評議會舉行第二次會議，討論第四屆院士候選人問題，錢先生是評議員，出席了這次會議，同時他也是院士候選人的被提名人。在主席胡適先生報告提名經過之後，錢先生首先對他本人的被提名，堅請撤銷，根據中央研究院組織法第五條的規定，被選為院士有兩項資格，第一項：對於所專習之學術，有特殊著作發明或貢獻者；第二項：對於所專習學術之機關，領導或主持在五年以上，成績卓著者。錢先生說明自請撤銷提名的理由為：著作論文沒有特殊貢獻，不適於中央研究院組織法第五條第一項規定的院士資格；主持北京大學化學系，只有三年，不適於中央研究院組織法第五條第二項規定的院士資格。謙稱兩項資格都不合，所以請求撤銷提名。經與會評議員的熱烈討論和表決，認為組織

1982年7月22日，第15次院士會議投票選新院士，右起：作者、錢思亮院長。

法第五條院士資格的兩項規定，錢先生都合；惟為尊重被提名人的意旨，同意錢先生的自請撤銷提名。

在時隔二十年之後的民國七十一年五月十五日，各報公布了第十四屆院士候選人名單，錢先生為此備受責難。我為這項工作的承辦人，內心很感不安，因向他老人家報告所以公布的原委，錢先生溫語慰勉，沒有絲毫責備的意味，認為依法是應公布的，我的做法並沒有錯。隨即為我憶述他初次被提名為院士候選人的經過：當時胡院長適之先生堅決主張為他提名，王世杰先生則主張應尊重當事人的意見，兩者都沒有錯。他所以堅請撤銷提名的真正原因，並不是不具備院士的資格，乃是因為清華大學的梅貽琦先生也在這次被提名，而且兩人都是以大學校長的身份（即組織法第五條第二項資格）在數理組被提名。錢先生認為無論如何，都不能和他母校的老校長同時競選，在兩人不大可能同時當選的情形下，他只有禮讓。這番心意，為多數評議員所了解，所以同意了他的撤銷。梅先生於五十一年二月以高票當選為第四屆院士，而錢先生也在五十三年九月，順利的當選為第五屆院士。以梅先生主持清華校政的貢獻，當選絕無問題；而錢先生當時擔任臺大校長，聲譽正隆，也不可能會落選，但仍堅決退出。從這個小故事中，不難看出錢先生的謙讓美德。院士是終身名譽職，地位崇高，是學界人士嚮往、追求的最高頭銜，錢先生也不例外；他之堅辭提名，並非故作姿態，而是出自天性的謙和。上述的小故事，就是具體的證明。

民國六十三年七月，中央研究院舉行第十一次院士會議，錢先生的次公子煦(仲和)被列為第十屆院士候選人，在進行選舉時，余任紀錄，錢先生首先退出主席的身份發言，説明他無權撤銷錢煦為生物組院士候選人的資格，但請求各位院士不要投他的票。態度十分誠懇，結果仲和先生落選。及至六十五年七月舉行第十二次院士會議時，仲和先生才順當選為第十一屆院士。父子同是院士，為學術界留下一段佳話。如今，錢先生走了，仲和先生的內心深處，該是多麼的難過！

高風亮節　清廉自持

錢先生的為人清廉，是有口皆碑的。據我所知，中央研究院院長的特別費為每月新台幣二萬四千元，按照規定，他可以領回半數，即一萬二千元，另外的一半，亦可檢據報銷。但是他擔任院長十三年多，從未領用過分文。這項費用，除了補貼同人的生活費外，遇有不能報銷的款項，就從這裏面開支。

今年五月一日，錢先生赴西德及美國訪問，並在美分區舉行院士座談會，歷時一個半月，於六月十六日歸國，身體已經不適，行裝甫卸，即力疾回院視事，二十二日，由於勞瘁過度，終感不支，乃住入臺大醫院治療。除院中同人在院照料外，並加請特別護士一人，以時計費，每天三千六百元，每月即需十萬八千元，數字相當驚人。院中同人深知他清廉自守，沒有餘貲，在他住院不久，先將其上年度剩餘的特別費四萬元送到醫院，備作急用。當他獲悉這四萬元不是他的薪水，而是特別費時，即令送去的人原封帶回，絕不願因為生病住院而壞了他的「規矩」。

錢先生住院近三個月，費用浩繁，臺大醫院深知這位老校長並非富有的人，恐無法負擔這筆費用，在他逝世後，決定免收，以示對老校長感念之意。這是臺大醫院從來沒有、以後也不大可能再有的事，錢先生如果地下有知，當會笑納這份誠摯的心意吧！

積勞成疾　溘然長逝

錢先生對於治學和治事，一絲不苟，我還沒看到過有像他那樣仔細的人。他有記日記的習慣，每天無論多忙，一定將當天所辦的事，摘錄在日記上。對公文的處理，尤其慎重，每一件公文，一定要弄清楚其來龍去脈後才下筆批改。中研院自奉准實施五年發展計畫以來，各研究所的人員及經費，都年有增加，公文的數量自然越來越多，他每天花在批公文上的時間也越來越長。他絕不積壓公文，當天的公文無論有多少，一定要處理完畢後才休息，熬夜是常事。他每天上下班，五個皮包都分門別類的裝滿了公事，真苦了他的司機紀經總先生，要跑兩趟才能將這五個皮包從樓下送到四樓院長室，下班時再自四樓搬下來帶回公館。老紀常說：「我花點體力沒有關係，院長要用多少腦力才能處理完這些公事！」我認為他的病真是為公事累出來的！這種認真負責的態度，不是一般人所能做到的。

中央研究院歷任院長故世後，都分別在院中選擇一所建築物，以該院長的名字命名為某某紀念館，以資紀念。錢先生是學化學的，化學研究所新建一棟大樓，即將完工啟用，中研院已決定將這棟大樓命名為「錢思亮紀念館」，供院中同人常相懷念。

十月三日，錢院長出殯，安葬於陽明山公墓。秘書組周天健先生代我擬一輓聯，上款：「亮公院長吾師千古」，下款：「學生陶英惠鞠躬敬輓」。聯云：

兩年載筆相從謬託仁悋耳食過情慚下走；

一夕歸真傳耗愴懷天祿心喪如擣哭先生。

頗貼切。回想兩年相隨之種切，誠屬難得的機緣！

（台北，《傳記文學》，第四十三卷，第四期，頁三九～四二，民國七十二年十月一日出版。）

1984年9月15日，錢思亮院長逝世周年，嚴前總統家淦先生上午來院參加銅像揭幕典禮，右起：吳大猷院長、嚴前總統、作者。友人說作者與嚴前總統的面貌有些相似。

第九章

風骨崚嶒的吳大猷先生瑣憶

前中央研究院院長吳大猷先生，自民國七十二年十一月一日接任院長後，就因年事已高，老病纏身。去年三月十三日住進台大醫院後，曾數度病危。今年三月四日，與世長辭。各界對於這位巨星的殞落，莫不同聲悲悼！他畢生獻身科學研究和教育事業，留下了不可磨滅的影響；其卓然獨立的人格，剛正不阿的風骨，更令人永遠懷念、尊敬！

在他接任院長時，筆者調兼總辦事處秘書組主任已為時兩年；原以為可以趁機擺脫；沒想到吳院長又切囑繼續相助。直到七十七年四月底，才離開了秘書組，重回近代史研究所的工作崗位。計在吳院長身邊，載筆相從共四年六個月。由於職務上的關係，得常親謦欬，對其風骨崚嶒、純真、以及「橫來逆受」（吳先生致王世杰院長函中語，見民國五十六年八月二十五日《王世杰日記》）的性格，都獲得直接的觀察和認識！看了很多，也學了不少。他一生的諸多重大貢

獻，當有專家撰寫；筆者僅將親身經歷的幾件小事記述如下，藉表哀悼之至意！從這些不大為人所知的小事中，我們也不難看出他元氣淋漓以及至情至性的一面！

兩次風光的慶生會

吳先生在台灣曾過過兩個風光的生日：一為六十歲時，由《傳記文學》劉紹唐社長負責籌辦；一為八十大壽，則為筆者所策畫。

民國五十六年春，吳先生時任美國紐約州立大學水牛城校物理系系主任，蔣中正總統請他返台擔任國家安全會議之科學發展指導委員會主任委員，並允無需辭掉在美教職，於寒暑假中來台主持；在美授課時，由錢思亮、閻振興兩位先生協助。吳先生於三月及五月兩次返台，以響應政府號召學人返國貢獻所學，故備受各界重視。據該年八月二十九日《王世杰日記》云：

王世杰（中）與吳大猷（右）

「晚間黃少谷（安全會議秘書長）設筵為吳大猷慶六十壽並餞行，

余被邀。余初擬不往，但仍往參加。」

紹唐先生於民國七十五年九月二十六日面告，吳先生的六十大壽，是他奉毛子水、姚從吾等師長之命籌辦的，參加者如王世杰、李濟、徐訏等先生，皆學術界知名之士，共兩桌。宴會中，除請鄧昌國教授拉小提琴外，並租了一架鋼琴，由其夫人藤田梓女士演奏，非常隆重。吳先生非常高興！紹老還記得時任中央研究院院長的王世杰先生以英語對吳先生說："You are a young man, you have ten years, as for me, ten days."王先生這時已七十六歲高齡，比吳先生年長十六歲，從這句話中，可知他對吳先生的期許和厚望。

民國七十五年，為吳先生晉八十華誕，筆者即於九月二十七日上午在中研院蔡元培館以茶會為他慶八十大壽，中午吃自助餐，到約三百人。在八層大蛋糕前，他堅稱只有七十九，不是八十歲，其不服老的個性表露無遺。他當時許的願是要將中研院辦的像劍橋大學一樣，人人爭著來，可以吸引許多一流的學者，並非到處去拜託人才來院工作。各界前來祝壽的人很多，院中同仁參加的也非常踴躍，尤其是幼稚園的小朋友們，也由老師帶著來拜壽，並表演化妝歌舞，又蹦又跳，吳院長也隨著小朋友手舞足蹈起來，使整個壽堂喜氣洋洋。他非常開心的對小朋友們說，希望他們一年長一個頭，引來大家一陣笑聲。

我所以籌辦這次慶生會，另一個目的是想藉此為同仁爭取慶生會鋪路。這個構想是來自數理組周元燊院士。周院士經常自美來院指導研究工作，對院中應興應革之事都了然於胸。在七十三年八月二十九日返美前，特別在敘香園宴請總辦事處各單位主管，席間他很客氣的提出許多應該改進的地方，其中一項就是建議每月舉辦一次慶生會，準備一些茶點或小的紀念品，以促進同仁間的感情，同時也可以交換一下對院務的意見。我認為這個建議非常好，所費不多，而收效很大；於是就在七十三年九月二十六日所舉行的人事委員中提案，通過每月舉辦一次慶生會，並於當天會後先為吳院長舉辦慶祝晉七十八歲生日。又於七十四年八月一日以院中知識青年黨部的名義為韓忠謨總幹事慶七十大壽。院中的正副首長都舉行過壽宴了，我乃根據人事會的決議案促為同仁舉辦慶生會；原以為應該不會有問題的，不料還是行不通；乃再於七十五年為吳院長擴大慶祝八秩華誕，俾可再據以為同仁爭取。結果仍未獲准。周院士的一番美意，始終沒能達成。

要教育立委的豪情

政府官員大都怕到立法院，見了立法委員，則莫不禮讓三分；吳院長則是一個例外。

民國七十三年一月七日上午，吳院長第一次以院長身份到立法院教育委員會報告院務，委員們對他出任艱鉅，都寄予厚望，表示全力支持，詢答之間相當客氣。吳院長對委員們建議增設新的研究所問題，以中研院不是「百貨公司」、不宜浮濫婉拒；同時也以書生本色，慷慨陳詞，力主學術與政治應該分開。曾引立委和輿論的討論，大家對其堅持學術的立場，莫不予以肯定。

同年三月二十二日，立法院教育委員會十八位委員循例來院參觀，吳院長於前一日說：「明天非教育一下這些委員不可，他們不知道如何向政府質詢，我可以教教他們。」委員來院原是要「指教」的，吳院長則要教教他們，讀書人之天真、自信，真不知該如何說！聯合報系的記者徐梅屏小姐來採訪時，曾告訴我一個故事，她說吳院長一次以科導會主委身份到立法院備詢，有些委員問了一些外行話，他老先生大發脾氣，即席答稱：「我只聽總統（蔣中正）一人的，其他人一概不理。」說完即拂袖而去。與會委員當時都楞住了，此舉不僅空前，也將絕後。惟各委員基於尊重學人，也就不了了之。

同年三月三十一日，吳院長再到立法院列席審查預算會，總統府馬紀壯秘書長深恐在詢答之間言詞激烈，吳院長若按捺不住，則將影響中研院的預算；乃於會前就委員們可能詢及之敏感問題一一列出，囑我擬具答案送府，屆時如有委員詢及，則由他代吳院長答覆，以免當場發生言語上不快；同時協調黨籍立委，謂吳院長到任未久，在其到任前之院務問題，請勿提及。結果順利過關。馬秘書長之細心、周到，令人心感！而吳院長之受政府尊重，也由此可見一斑。

七十六年四月二日，是立法院預算審查之第一天，吳院長再去備詢，枯坐一天，並挑燈夜戰，炮火均集中在國安會。會中有些委員質詢時，聲震屋瓦。第二天，吳院長對我說，昨天本想講一個笑話來諷刺一下聲大氣粗的發言委員，因時間太晚而未講。他說，從前有一個人發言時，在講稿旁加注提醒自己云：「此處理由不夠堅強，聲音要大一點。」這是他幽默的一面。他曾在《聯合報》副刊寫過很多則寓意深刻的小故事，讀後令人發出會心一笑！

為國人保留尊嚴

七十三年八月八日，吳院長以推進台灣科學教育貢獻卓著，榮獲一九八四年麥賽賽（Ramon Magsaysay）獎之政府服務部門獎，獎金為兩萬美元。秘書組即代為趕辦出國手續。原訂八月二十九日赴馬尼拉領獎，可是手續辦好後，他老先生一直不想去，原因是麥賽賽基金會只負擔二等機票，而菲律賓在台辦事處則請吳院長到他辦公室面談後始予簽証；又云俟吳院長自菲返台後再宴請其夫婦，並不知吳夫人阮冠世女士業於六十九年十二月二日在美國病逝。這些舉措，就吳院長的身份地位來說，顯然不夠禮遇。他認為個人受委屈事小，但此行係代表國家，故覺得不太相宜。所以對前往領獎事十分躊躇。不料八月二十四日晚，其因內耳不平衡導致天暈地轉的老毛病復發，乃如獲得解脫般即以此為藉口，請沈君山教授代為前往參加頒獎典禮，藉替國人保留了一點尊嚴。再者，他還認為，為自己國家貢獻所學，卻勞他國頒獎，似乎也不太自然。

力挽袁家騮院士

七十三年九月十九日，吳院長和我談起，數理組院士袁家騮、吳健雄夫婦擬去大陸，李國鼎先生勸其打消此行，袁院士即辭同步輻射中心主委職。吳院長獲知後，即請蔣彥士先生轉告行政院俞國華院長說，袁院士為一單純的學人，在他心目中，大陸和台灣都是中國人，他此行只是要為中國人做點事，沒有任何政治目的；再者，同步幅射中心之主要外籍人士，都是吳健雄院士的學生或友人，係以私人關係特別前來相助；如准袁院士辭，則該中心將無法成立。俞院長遂未准其辭職。

官場現形小記

七十三年十二月十八日上午十時，中研院第十六次院士會議開幕。安排台上貴賓座位本是一件小事，可是也不簡單！因為在會前，貴賓的安全人員就提醒我，李登輝副總統與行政院俞國華院長兩人有些心結，儘可能不要排在一起坐。可是照禮數又不得不都請到主席台上坐，究應如何安排，至感棘手。李副總統係代表蔣總統與會，到達會場後即迎至台上；俞院長到後，我也請到台上坐，可是他堅持坐在台下第一排，不肯移動。証明我事先得到的信息正確。在禮貌上既已做到，就隨他意坐在台下，並暗自慶解決了一項難題。不料吳院長發現俞院長坐在台下時，力請他登台和李副總統併排而坐。我仔細觀察兩人的反應，結果彼此既未握手寒暄，連頭也不點一下，並不約而同的分向左右兩邊側坐，這個鏡頭煞是有趣。我即請負責攝影的同仁拍張照片，為歷史作見証。政府高層的負責人，度量竟如此的小，終非國家之福，不禁有些感慨！

主持會議的點點滴滴

吳院長為第一屆院士，參加過很多次院士會議；可是親自主持則尚屬首次。在第十六次院士會議舉行開幕式時，他不等司儀報告即開始主席致詞。那時開會，都要先唱國歌，他也省去了，令與會人士不免一陣錯愕！其缺乏經驗和不耐繁文褥節的個性，由此可見一斑。接著是李副總統代蔣總統宣讀書面賀詞。宣讀畢，總統府的來賓馬上來

質問我，宣讀的講稿為何與我所印發的內容不同？總統的講稿，例由秘書組代擬後報府核定，會前典禮科電告業已核定，未再改動。我又追問：一字未改？答一字未改。遂照所擬之稿印送出席人員及記者。至是，我知道出了差錯，即電第一局局長劉垕先生（時馬英九先生為副局長），問究竟是怎麼一回事？劉局長說，本院所擬的稿，經修改後呈核，核定後於十二月一日寄院。我再問寄給誰收？為何至今未收到？他說寄給了吳院長。我就明白了，核定的稿子，果然被吳院長鎖在他的書桌抽屜裡。我問他為何不交下來？他說，信封上註明是「密件」，所以鎖了起來。我與典禮科談此稿時所說「一字未改」是指本院代擬的，而典禮科所說的「一字未改」，則係指經修改後核定者，陰錯陽差，致出此大紕漏。若在專制時代，豈不犯了欺君和偽造文書雙重大罪！至此，吳院長自己承認疏忽，並淡淡的說：「沒有什麼了不起。」其不畏權勢的學人本色，溢於言表！可是害得我却心急如焚！

1986年8月1日，在蔡元培館舉行第17次院士會議選舉院士情形。站立者右起：作者、吳大猷院長、評議會秘書阮維周。

躊躇滿志的一次院士會議

七十五年七月二十九日，舉行第十七次院士會議。在這次會議中，有兩件事使吳院長特別風光：第一件是本院第二期五年計劃適時核准；第二件便是他的愛徒楊振寧院士來台參加會議。

本院第一期五年計劃，至七十五年期滿。七十三年二月八日，吳院長忽囑辦稿送總統府，請核准本院第二期五年計劃。我說，各所尚未擬具計劃，以何報府？他又說，先行報府，俟奉准後再擬具體計劃。我說這不合常理，也不合公文程序；他仍堅令即時報府，只得照辦。三月一日，又囑速通知各所補送計劃大綱。因為馬紀壯秘書長向他要計劃大綱，否則無法批覆本院公文。這時他才知道有些理虧。其後經過許多繁複的手續，於七十五年七月十四日方將第二期五年發展計劃送至行政院，第六組簽的意見是：與申請第一期五年計劃之程序不同，呈請俞國華院長親核。吳院長深恐俞院長再交給其他有關人員簽註意見，將會別生枝節；乃於十五日親擬致俞院長函，語氣相當強硬，大意為請先就原則核定本案，以後逐年編列預算時，再就政府當時的財政情況核給經費數目。說實在的，這也有點強人所難，更不像求人的公函。及至十八日，吳院長獲知俞院長仍交有關人員先行審核時，便按捺不住了。他說，當年那些人欺負錢思亮院長時，錢院長氣得臉發青，最後還是強忍了下來；我吳某絕不吃這一套！他要再寫一封更強硬的信，那廉君先生勸說措詞緩和些較好，吳院長堅持不改初衷。那先生又建議最好去和俞院長面談，以免見諸文字，弄得更僵。吳院長考慮了一下，接受這項建議，兩人於二十二日面談後，俞院長同意照吳院長的意思辦理。行政院之同意公函於二十八日送到總統府，在第一局劉垕局長協助趕辦下，立即呈請總統批准，於翌日院士會議開幕典禮前送達本院。這個大紅包，來得正是時候，吳院長接到後，神采顯得格外飛揚！

至於楊振寧院士之來台，不僅煞費周章，更是一大突破。因為此前兩岸關係尚處於嚴重敵對狀態時，有七位在海外的院士與大陸方面頗有往來，最高當局指示禁止他們來台，即俗稱的所謂「拒絕往來戶」，本院不可再邀其返台出席院士會議。楊院士就是七院士之一。吳院長認為不能一味保守，要積極開拓院務，爭取海外學人回來，實刻不容緩。自七十三年九月十九日起，即指示研擬如何邀請楊院士來台開會。他也不斷的與政府有關負責人溝通，終於獲得同意。七十五年六月二十七日，吳院長面囑儘速辦理楊院士簽証、入境等手續，我請他親函楊院士說明一切，以消除其對來台不必要之疑慮，遠較用公函邀請為佳。楊院士終於排除萬難，於七月二十八日下午抵台，吳院長親去機場迎接，即參加當晚在圓山飯店之歡迎院士晚宴，並在宴會上代表院士致詞。他說除參加院士會議外，另一個重要目的就是為乃師吳院長祝壽，即率全體院士同唱生日快樂歌。氣氛非常好，吳院長一直笑得合不攏嘴巴。

由於楊院士之順利來台，不僅解除了限制七院士來台的禁令，後來他又擴而大之促成滯留在大陸上的第一屆院士，也應邀來台參觀。在當時，這幾乎是絕對不可能的，他卻做到了。從此為兩岸學術交流開闢了一條更暢通的管道。其識見與魄力，真非常人所能及！他逝世後，李總統親臨弔唁，中共國家主席江澤民也電唁其家屬，推崇他為海峽兩岸科技交流的傑出貢獻。獲此殊榮，絕非倖致！

開明專制的作風

在第十七次院士會議中，只有一件小事令吳院長感到不愉快，即七月三十一日分組討論時，陳省身院士提議將兩年一次的院士會議改為五年舉行一次，費景漢院士首先表示反對，結果未獲通過。吳院長看到他老友的提案被否決，頗覺臉上無光，即責備我不應將此案列入議程。我說：「該案係奉批提院士會討論，怎能不列入議程？」他仍說：「不妥，批了也不應列！」我真無話可說了。一個幕僚，若不照批辦事，成何體統？若真不列，在受到長官責備時，又將何以自解！

此外，也有一個輕鬆的小插曲。當進行介紹院士候選人成就時，當場決定每人發言以五分鐘為限。在吳院長介紹人文組候選人韓忠謨總幹事時，我知道他發言往往不能控制時間，即授意負責計時的同仁酌予延長一點時間。及吳院長的話告一段落，鈴聲即起，馬上引起哄堂大笑！因為早已超過了五分鐘，大家對我的「作弊」，也曲予諒解！

院士選舉之計票方式相當複雜，有關的法規我都要牢牢記住，並徹底了解，以免臨場出錯。在八月一日下午第一次投票後，人文組候選人皆未獲得本組三分之二的票，照規定需要獲得全體院士三分之二的票方能當選。這時，生物組袁貽瑾院士持院士選舉規程囑我為之解釋有關之第十三條條文：

「院士會議各次投票（第一次包括通信投票，第二次以後包括委託投票）結果，候選人得三組綜合票數達投票人數三分之二者當選。但在第一次投票時，如本組投票數達本組院士人數二分之一，

候選人得本組票數達本組投票人數三分之二者，則其在各次投票得三組綜合票數過半數即為當選；如本組投票數未達本組院士人數二分之一，仍須得三組綜合票數達三分之二方為當選。」

1986年8月1日，在蔡元培館舉行第十七次院士會議進行院士選舉時，我向吳大猷院長解釋計票的方法，他閉目苦思、並用筆算的情形。

袁院士認為第二次投票仍應計本組票。我告以本組票只以第一次投票為準，以後不再變動。無論怎樣解釋，他仍不以為然。最後我翻出歷次院士會議紀錄，再就實例説明，他才勉強接受。袁先生為第一屆院士，出席過許多次院士會議，並曾擔任過將近四年的本院總幹事，至今尚弄不清楚這條條文，真有點不可思議。當我和袁院士在主席台上辯論時，吳院長也在反覆琢磨該條文，怎麼看也看不懂。及袁院士回座，吳院長就向我説這條條文不通，而不承認看不懂。我再為他解釋，他卻説：「你不必解釋，我不聽。」我説：「你不聽我解釋，怎能斷定該條文通不通？」他仍不讓我説話，一直在喃喃自語，並不停的寫2/3、1/2，就是轉不過彎來。五十多年前，他在美國作高電荷正電離子的計算，那麼繁複的算式也沒有難倒他，現在竟連這麼簡單的也算不過來，我心想是不是老了的緣故？學自然科學的人，所接觸者多為平舖直敘的文字，稍涉複雜的句子，往往就不易看懂。最後吳院長令我用他能了解的文字寫下來給他看。我耐著性子試以口語方式改寫該條文。尚未寫好，他說：「我看懂了，你是對的。」他太過自信，自己看不懂，即認定是錯的。不過，他發現自己錯了時，也會認錯，只是音量放低了一些。

打蒼蠅妙喻

七十五年九月四日，吳院長為腎臟學會於明年十一月開會請本院補助經費事，大發脾氣。他說：「本院既非銀行，也非其出納，怎能付款給該會？」那先生說，韓總幹事已經答應了。吳院長更氣，即說：「他打開了門，把蒼蠅放進來，再讓我去打蒼蠅，十分不妥。」遂批：本次姑准，以後應直接拒絕，更不可先作任何承諾。在嚴肅中，仍不失其率真和幽默。

編印院史稿

民國六十七年中研院成立五十周年時，錢院長即計畫編寫院史，因我研究蔡元培先生的緣故，對於院的歷史也有些了解，所以命我撰寫自民國十六年成立到抗戰爆發一段；那廉君先生負責寫抗戰時期；遷台後的部分，則由秘書主任萬紹章先生執筆。三人分頭工作。我先摘記大事，按時間順序排列，計完成七萬餘字。後因院裡再也沒有提起此事，也就未再繼續。民國七十七年六月九日，為本院成立一甲子，吳院長於七十六年二月二十六日重申前議，命那先生和我負責纂輯。我因工作太忙，請那先生偏勞。由於時間太過匆忙，而本院在大陸時期的檔卷都存在南京的中國第二歷史檔案館中，無法查閱，那先生便將我的一篇舊作〈蔡元培與中央研究院〉打散、修改後，作為第壹章初創時期；第貳章抗戰時期、第參章復員時期由那先生撰寫；遷台時期則由各所提供資料，再加以整合，於七十七年六月六十周年院慶前夕倉卒印出，而我已先於四月底離開了秘書組，未能始終其事；而吳院長在序文中仍然對我曾參與纂輯工作表示謝意云：「此院史初稿係由陶英惠、那廉君兩位先生纂輯，謹對兩位先生及參加繕校同仁表示謝意。」說起來真有些慚愧！

我辭秘書主任的經過

我與吳院長沒有任何淵源，在七十二年他接任院長時，因感其明快的作風及誠懇的態度，遂允暫時留任，以為過渡。錢、吳兩位院長，係多年老友，可是性格、作風截然不同，吳院長也自知「對人對事，喜怒形於色；有時粗枝大葉，不耐細節。」由上述幾則小故事，也獲得了印証。

七十七年四月，我兼秘書主任已有六年半的時間，對案牘勞形的行政工作至感厭煩；而與直屬長官韓總幹事之間，在處理公事上經常意見相左，力爭則不得伸，曲意奉迎則非所願，並有虧職守、良心難安。因此深感痛苦！吳院長年事已高，接任院長時，即說明不耐煩瑣，他只主持院的大政方針，負責對外爭取經費、員額等權益，不看例行性的公文，院內事務悉委由總幹事處理。因此，不便為了一些瑣事煩擾他老人家。我的個性是可以任勞，於任怨則有所不能。終於為了會計室一件不合情理的人事案件，在忍無可忍的情形下，於四月三十日將長久以來鬱積的情緒一下子發洩了出來，與總幹事在電話中大聲爭辯後立遞辭呈，重回近史所研究工作崗位，不留絲毫迴旋餘地。

吳院長向以敢言、直言著稱。記得七十五年四月二十八日他曾召談云：中國官場缺乏敢犯顏直諫之人，首長所決定之事即使不正確，部屬亦唯唯諾諾，不敢抗辯。他並舉例說，如鐵路電氣化，遠不如改為雙線效益大，他曾經建言，惟所得的答覆是：行政院長蔣經國院已決定了，請勿再言。我在他身邊待久了，對他那種不屈服、不鄉愿的作風，自然也會受到某種程度的影響。這次驟然辭職，事前並未作任何準備，在盛怒之下，只是抱著「合則留，不合則去」的單純想法，也未先向吳院長報備。使他在心理上完全沒有準備的情形下，感到有些措手不及。至今想起當時的情景，仍不免有些歉疚！因為第十八次院士會議已訂在七月四日舉行，臨時換人，難免令人有些手忙腳亂。可是既已呈辭，也就管不了那麼多了。當時許多同仁對我的去職表示真摯的遺憾，讓我覺得正是我離開的最好時機，即所謂見好就收；同時也証明我在秘書組所做的一切，還沒有讓大家失望。

五月七日上午，吳院長召談，我向他詳細報告辭職的經過。發現在這幾天中，他聽了總幹事太多不利於我的片面之詞。對他能耐著性子聽我一一解釋，十分感激！我但求無愧於心，並不想挽回什麼。所以言談之間，也心平氣和。綜合他的意見，主要的是怪我為何不先向

跟誰過不去，找他蓋房子

吳大猷的心腹之患

中研院所長缺人的怪現象

中研院有五個所沒有所長，充分暴露行政組織人才的缺乏，爲推展業務，領導研究，吳院長應排除萬難，早日改善此一怪現象。

所長資格

吳大猷的心腹之患-----《風雲榜》周刊第28期，第90頁。

他報告，俾能適時加以疏導；再就是在我和總幹事間，他只能犧牲我。「棄車保帥」的道理非常簡單，我告以充分理解。相談共一百分鐘。

五月十八日，吳院長在《民生報》發表了一篇短評：〈美國官員去職寫回憶錄〉，大意是說美國的重要官員在去職後，有些藉寫回憶錄致富，其中也含有「報復」的成分。我直覺的認為似乎意有所指，或係對我而發。因為院中不合理的事，我的確知道一些。記得七十六年三月十六日，《風雲榜》周刊第二十八期登出幾天前來採訪時我的訪問稿，內容非常平實，惟標題十分刺眼：〈吳大猷的心腹之患——中研院所長缺人的怪現象〉；更惹人注目的是在標題下放了一張我的大照片。如果不看內容，好像我就是吳院長的心腹之患。

七十八年六月，吳院長忽然送我一本他甫於六月一日出版的《在台工作回憶》（台北，遠流出版公司出版）一本，並親自題簽：「英惠吾兄惠存　吳大猷敬贈　七八年六月廿一日」。他對我的辭職，這時想必已經有所諒解了，不然不會將其大著送給我。八十二年八月一日，在胡適紀念館管理委員會呂實強主任委員的推薦下，又承吳院長聘我兼任胡適紀念館主任。由此可見，他老先生對我五年前的斷然求去，似乎已不再耿耿於懷了。

1986年9月23日，胡適紀念館管理委員會新舊主任委員交接典禮後在館門口合影。右起：院長室秘書那廉君、胡適紀念館主任王志維、新任主任委員呂實強、吳大猷院長、卸任主任委員高去尋、作者。

學人風範 令人長相懷念

吳大猷先生是一位風骨崚嶒的學人！他在去年四月底即一度病危，於昏睡中曾說：

「我的個性本來是內向的；但是在面對學術和國家利益時，我的態度轉變為好勝和積極。我這一生以誠對待同事、學生及我所擔任的所有職務，因為誠實，我這一生沒有留下任何的遺憾。」（民國八十八年四月二十六日《聯合報》）

他為人誠信，所以瞧不起那些說話不算話的政客和偽君子；他雖為特任官，但從未以作官自居。在接任院長之初，仍不習慣被稱作「院長」，不斷的

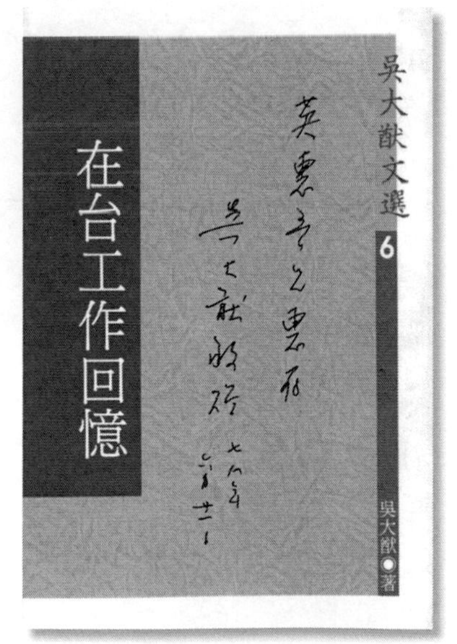

吳大猷親筆題贈其新書

在糾正，要人稱呼他「吳先生」。後因不勝糾正，只好隨俗了。他自認是位學者，即使為官，也不改其書生本色，好仗義執言，看不慣的事絕不隱瞞，所以痛恨那些披著學者外衣到處逢迎阿諛、耍弄權術的人。在電視劇「包青天」播映時，他每天準時守在電視機前觀賞。因為在現實社會中，到處充斥著是非不分、善惡不明的事，所以藉觀賞戲中的包青天來排遣其心中的鬱悶。他如果從政的話，定是一位現代的包青天！如今他走了，可是他的風範，將永遠令人懷念！

民國八十九年三月二十四日於南港

（原載 台北，《傳記文學》，第76卷，第4期，P.16-21。 民國89年4月1日出版。）

後 記：悼念吳大猷院長文發表後，忽於2000年5月5日收到製聯名家張佛千先生賜函云：「大約在二十年前，已記不清年月矣，曾於筵間，得接清言，當時曾有製聯致敬之意。頃讀聯合報副刊及傳記文學悼憶吳〔大猷〕院長大文，印象復現。亟成一聯，特請旅日書法家李〔燕生〕君書之（李君在北京故宮博物院專研書法篆刻近二十年），敬請兩正。」對這項意外的收穫，真是喜出望外！2003年2月7日，又接奉佛老賀年卡，上有席德進的畫像，並配多位名家刻印，極為別致，收到者皆視若拱璧。

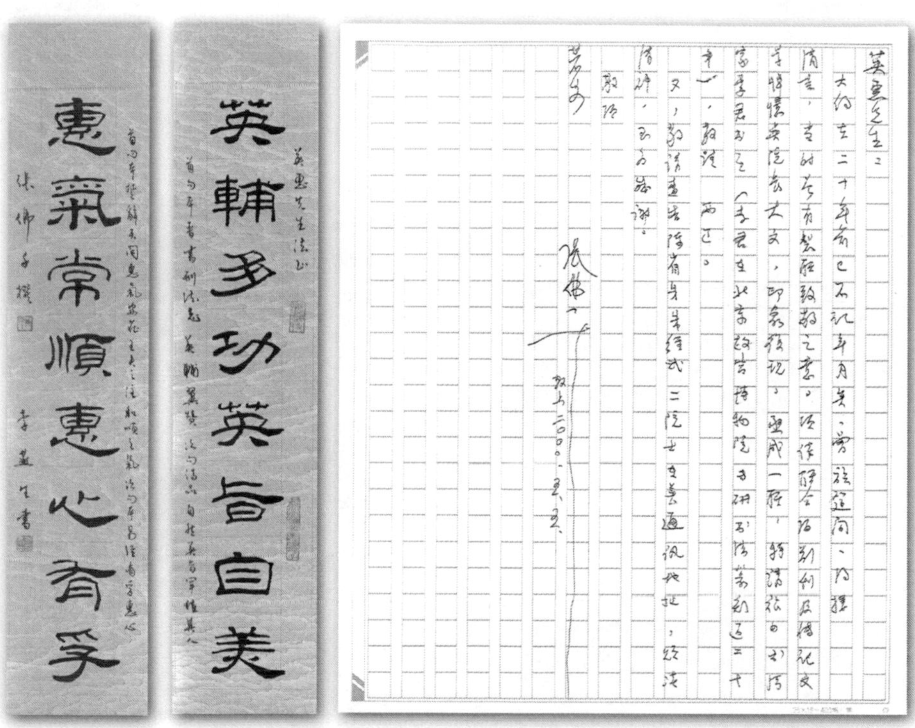

張佛老惠函及所賜之嵌名聯

第十章

記民國四老

——吳敬恒 蔡元培 張人傑 李煜瀛

「**吳蔡**張李」為民國以來眾所周知的四位黨國元老，這個稱呼的順序；是以年齡長幼為先後：

吳敬恆，字稚暉，江蘇武進人，清同治四年二月二十八日（一八六五年、三、二十五）生，民國四十二年（一九五三）十月三十日病逝臺北，享年八十九歲。

蔡元培，字孑民，浙江紹興人，清同治六年十二月十七日（一八六八、一、十一）生，民國二十九年（一九四〇）三月五日病逝香港，享年七十四歲。

張人傑，字靜江，浙江吳興人，清光緒三年八月十三日（一八七七、九、十九）生，民國三十九年（一九五〇）九月三日病逝紐約，享年七十四歲。

李煜瀛，字石曾，河北高陽人，清光緒七年五月初二日（一八八一、五、二十九）生，民國六十二年（一九七三）九月三十日病逝臺北，享年九十三歲。

從清末到民國，這四位元老都曾為國家有過不平凡的貢獻：吳稚老身如閒雲野鶴，而繫黨國安危，每當危疑震撼之際，輒仗義執言，翊贊中樞。蔡孑老早年蜚聲翰苑，繼而傾心革命，民國以來，更成為學術教育界的宗師。張靜老在清末屢以巨款資助革命軍費，民國成立後，尤表現了只盡義務不爭權利的風範，實為一代傳奇之人。李石老終生無意仕途，但一直忠黨愛國，為政府默默付出精力。每當國家危難之際，他們便挺身而出，定大計、決大疑於機先，用道義的力量支持中樞。在清朝末年，他們由於志同道合，即已奠下友誼的基礎；民國成立後，更是密切合作，在不同的崗位上，共同為促進國家統一而努力。在事業上，他們有過許多次合作的紀錄；在個性上，更有一些相同的特點。因此，社會上將「吳蔡張李」並稱，呼之為「四老」或「四皓」。他們彼此的關係，李石老名之曰「甲乙丙丁論」或「相連論」，即彼此之「連帶關係」或「聯合關係」。四老中年紀最幼

民國四老：1920年在北京創辦中法大學，右起：張人傑、吳敬恆、蔡元培、李煜瀛。

而享壽最高的李石老，如今也已謝世，但是他們特立獨行的事蹟和對國家不朽的貢獻，將永留人間，為後世所傳誦。謹在此略記其彼此訂交經過及一些共同的志業，藉表紀念之意。

訂交始末

（1）吳敬恒與蔡元培

吳、蔡同為清末科舉中人，吳為光緒十七年辛卯科舉人，翌年赴北京參加壬辰科會試，未中。蔡於光緒十五六年鄉會試連捷，十八年補殿試，而成壬辰科進士。在會試時，兩人並不認識，但吳卻在蔡的一位同年夏曾佑（穗卿）處，聽其縷述蔡之行誼。直到二十五年（一八九九）兩人先後到達上海，方才結識。當時，吳在南洋公學任教，蔡則到上海謀國事，於二十七年亦到該校任特班總教習。二十八年夏，吳在日本為公使蔡鈞（和甫）拒不保送留日自費生入成城學校事，率眾大鬧公使館，被日警押解出境，適蔡至日遊歷，恐其中途發生意外，乃伴送回國。在船上，兩人

中央研究院總幹事楊銓（杏佛）送給吳敬恒（右）和蔡元培（左）的二老圖。

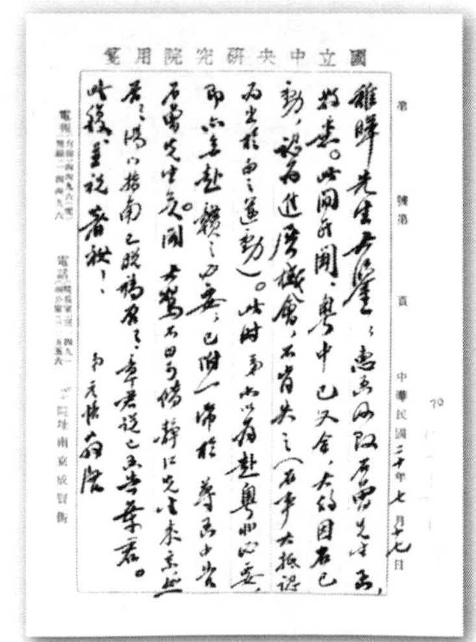

國立中央研究院用箋

稚暉先生大鑒：……

中華民國二十年七月十七日

1931年7月17日蔡元培致吳敬恒函

大談立憲之不可成及革命不可已。及抵上海，吳便加入了蔡在上海的中國教育會及稍後所成立之愛國學社工作，關係遂日趨密切。

（2）張人傑與李煜瀛

張是吳興縣南潯鎮的巨富，李為高陽相國李鴻藻之季子，二人可謂「門當戶對」。居間為之介紹者為黃思永（慎之，李鴻藻門生）、中慧（秀伯）父子。黃在北京創辦工藝局與附設之英文學校，為其時北京新事業中心之一。張之識黃，由岳父姚炳然翰林介紹，黃、姚為同年，姚亦李鴻藻之門生。一次，黃氏父子宴請張、李，遂一見如故而訂交。時間大約在光緒二十六年（一九〇〇）。二十八年，孫寶琦（慕韓，為清末開明而誠篤之士，在北京為李家西鄰，父貽經，是清末重臣，故孫、李兩家有來往。）奉命使法，李以戶部郎中，「講求時務，志趣純正」，被奏調派充隨員，八月二十九日乘火車出京，至天津換乘輪船赴滬，十月十四日自上海乘法國郵輪「安南」號放洋，十二月十七日抵巴黎。張亦以隨員而變相的學生名義，在上海同船赴法。在船上，張、李二人一直同桌用餐，倡議發起「世界旅行」，亦即「世界社」之前身。抵巴黎後，張學商，李習農，乃成終生密友。

（3）吳敬恒與李煜瀛

吳在光緒十八年壬辰科會試的卷子，曾經「堂備」而未中，當時李鴻藻為壬辰會試四總裁之一，故二人亦有師生關係。自二十年至二十六年，李家延齊令辰（禊亭，齊竺山、如山、壽山之尊翁）教讀，王照（小航，甲午進士，李鴻藻門生）常往來於此家塾中，李從王氏談話中久聞吳名。光緒二十八年，李赴法前，曾在滬訪吳長談，以後「留法儉學會」之成立，即以這段談話為張本。「蘇報案」後，吳走英倫，三十三年，張、李在巴黎創辦《新世紀》週刊，吳任主編，自此合作無間。

（4）蔡元培與李煜瀛

光緒十八年，蔡中二甲進士，殿試之讀卷大臣為李鴻藻，故二人亦有師生之誼。二十八年李赴法前，在上海除訪吳氏外，也經人（可能是吳彥復——章士釗的岳父）介紹與蔡相識。三十三年五月，孫寶琦奉派使德，蔡與孫為同鄉，因得隨同出國，經由西伯利亞鐵路，於六月初二日馳抵柏林。同行者有齊壽山，孫、齊與李家關係之密，已如前言，故蔡到柏林後，李曾往訪，相聚數日，為訂交較深之時之地。

（5）吳敬恒與張人傑

由於吳、張皆與李熟識，故兩人心儀已久，但真正會面是光緒三十一年（一九〇五）冬天的事，地點為歐洲。兩人豪邁不羈的性格，頗為接近，從此一見如故，成了長遠的伙伴。同年冬，吳曾赴巴黎訪李，組織「世界社」與創辦《新世紀》，就在這時獲致具體的協議。這是他們三人合作鼓吹革命之始，也是共同對二十世紀前半葉的中國政治發生影響的開端。

至於蔡、張訂交的經過，一時找不到文字記載，惟不難從上述四人相互的關係中推知。

共同志業

（1）清末分頭從事革命

四老或出身科舉，或生長世家，但有一共同特點，即受新思想激盪之結果，擺脫了傳統的忠君觀念，邁向革命救國的大道。這一點非常難能可貴。

光緒二十八年，蔡與一些開明的知識分子在上海成立了中國教育會，又由教育會協助南洋公學退學生成立了愛國學社，志士雲集，頓時成為國內革命的滙集處，與東京的志士及留學生所掀起的革命狂潮，遙相呼應。他們發起張園演説會，議論時政，倡言革命，所有的演詞，均在《蘇報》發表，使一向保皇色彩濃厚的《蘇報》，一變而為愛國學社的機關報，言論之激烈，大為世人所注目，終致觸怒清廷，而釀成翌年轟動中外的「蘇報案」。

在這段期間，吳和蔡是一起工作的伙伴。「蘇報案」後，吳走英國，蔡又在滬創辦《俄事警聞日報》（後改名《警鐘日報》），從事振聾發瞶、喚醒國人的工作。繼又主持愛國女學及光復會，並加入同盟會，任上海分會長。

張、李二老雖出身世家，但革命之意識極濃。他們自光緒二十八年放洋後，往來於歐洲各國間，結識許多法國知識份子，受其影響，於是思想鋭進，言論解放，隱然以中國無政府主義之宣講師自任。吳雖居英倫，也與之互通聲息。光緒三十二年（一九〇六），他們在巴黎籌設了「世界社」，以為傳播溝通中西文化之機構，並刊行《世界畫報》。三十三年五月，又發行《新世紀》周刊，除宣傳無政府主義外，更著文反對君主立憲，倡導革命，對於中國留歐學生及華僑錮蔽的思想，實有啟發之功。其出版之「新世紀叢書」，亦屬開發民智、提倡人道之作。《新世紀》由吳主編，而費用則由張供給。

在《新世紀》創刊時，也正是蔡結束了國內的革命工作首途赴歐留學之時。抵歐後，即加入世界社為社友，同時對世界社的各項工作，也作精神上的呼應。

再者，張與國父孫中山先生相約供給革命軍費的故事，已是盡人皆知。他在巴黎的通運公司，竟因此而周轉困難，終致歇業，更將所經營的開元茶店賣出，以接濟軍費。其疏財仗義的豪舉，贏得了「革命聖人」的雅號。

（2）民國共同改良社會

民國元年二月，四老重聚上海。當時，民國甫告成立，表面上頗有一番新氣象，但實際上，滿清所留下來的腐敗積習，如吃花酒、討小老婆等，仍很流行，並未隨滿清以俱亡。因此，這幾位革命先進乃展開了改良社會的運動。

首先成立的是「進德會」。會員分四種，所守之戒約，分當然進德三條及自然進德五條。當然進德即：不狎邪、不賭博、不置妾。凡為正式會員，必須遵守上列三條。自然進德即：不作官吏、不作議員、不吸烟、不飲酒、不食肉。這五條可由入會者自任，兩項戒約共八條，故又名「八不會」。

二月二十一日，在進德會成立後不幾天，蔡以專使名義率團乘新銘輪自滬北上，迎袁世凱南下就職，李亦同船北上。在船上又與同行者共議進德會事，咸以官吏、議員兩戒為不便，乃去此兩戒，別立一會，名「六不會」。同時，並發起一規模更大之「社會改良會」，宗旨為「以人道主義，去君權之專制；以科學知識，去神權之迷信。」列舉改良社會條文三十六項，互相策勉，內容相當廣泛，舉凡社會上一切不良習慣，均已包括在內。如不狎妓、不賭博、戒除迷信等項，直到今天還未能完全根絕。值得令人注意的是其第十一項：「提倡少

1933年6月4日，世界文化合作中國協會籌備委員會在上海福開森路世界社出席人留影。前排坐者右起：李煜瀛、張人傑、蔡元培、鈕永建。後排立者右起：吳敬恆、褚民誼、程其保、黃炎培、李熙謀、李書華・莊文亞、厲家祥、陳和銑、郭有守。

生兒女」，即時下所說的節育。十多年前蔣夢麟在臺灣提倡節育時，尚受到許多無情的攻擊，可是，在六十年前注重「多子多孫」的時代裡，他們竟然敢於提出這種大膽的主張，不能不令人敬佩其遠見和勇氣！

（3）致力教育文化事業

教育與文化，可以說是四老的主要事業。他們在這方面表現得最突出的一點，就是致力於中法文化交流及增進中法友好關係。自清末以還，他們曾多次遊歐，其中以居留法國的時間較久，故對法國教育文化的了解也最為深刻。

民國初年，他們所努力推行的是：留法儉學會、勤工儉學會、及華法教育會。所謂「勤工儉學」，就是以勤於作工、儉以求學為目的，鼓勵青年用苦學的方法，大量到海外去留學。吳稚老曾戲謂：「出去的人越多越好，就算他們學不到什麼，只學得改良茅廁，也是值得的。」歐戰期間，法國人力缺乏，來華招募華工；李石老更倡「工作一年，讀書兩年」之說，故華工、學生赴法者盛極一時。去者既多，流品日雜，而法國社會經濟亦發生變動，失業、失學等問題乃相繼發生。其後，留法之勤工儉學雖未收到預期的效果，但他們提倡的動機是無可非議的。

他們除了所倡導的國外留學運動，如：留法儉學會、勤工儉學會、華工學校、海外大學等之外，所從事的其他教育文化事業，尚有國內外之中法大學、稚暉大學；國內之世界學校、圖書學校（以上在上海）、孔德學校、法文專修館、戲曲學校、西山學校、温泉學校（以上在北平）等。他如：學會、研究會、研究社、研究所、研究院、圖書館、重文館等，更不勝枚舉。

基於他們對法國教育文化的深刻認識與嚮往，在民國十一年三月，蔡、李二老在《新教育》雜誌中提出了一項改革中國教育的建議，主張以法國的育制度為藍圖。採用大學區制。當時，軍閥當道，自然不會重視他們的主張。直到民國十六年四月，國民政府重新定都南京，他倆以中央監察委員及中央政治

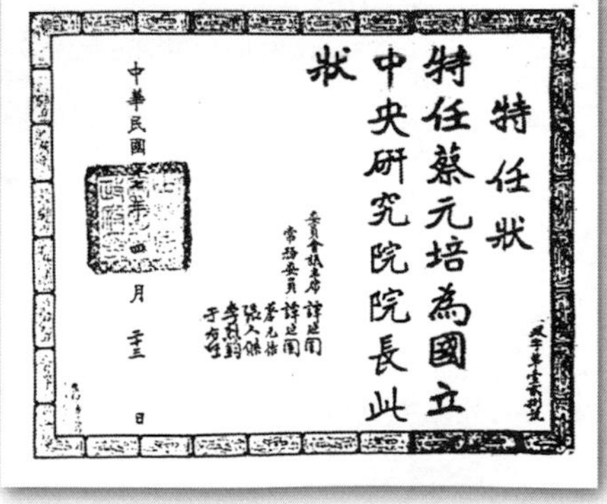
特任狀

特任蔡元培為國立中央研究院院長此狀

委員會主席 譚延闓
常務委員 譚延闓 蔡元培 張人傑 李烈鈞 于右任

中華民國 四月 廿三 日

1928年4月23日特任狀

會議委員的崇高身份，主持管理全國教育事宜的教育行政委員會時，這項主張才獲得支持而付諸實行。不幸在十七年夏天，蔡和張、李二老，卻因細故而發生了歧見，這一新的教育制度，即在各方強烈反對下，遭到廢止。從此，中國教育界分成了所謂蔡、李兩系，且時生齟齬。（見「傳記文學出版社」排印本《陳布雷回憶錄》，頁七九－八〇）真是中國教育史上的一大不幸！

（4）竭誠促進國家統一

民國成立以來，四老或在朝，或在野，但他們的精神和目標是一致的，即：促進國家統一。

這四位政治上的老伙伴在這方面的貢獻，簡直無法一一列擧。但值得大書特書的一件便是民國十六年四月，贊襄蔣總司令實行清黨的工作。因此，國民政府才能順利的在同月十八日定都南京，結束了國民黨內部自民國十四年以來的分裂局面，繼續揮軍北伐，終於完成了中國的統一工作，使蘇聯赤化中國時間，被阻延了二十年。

自民國十六年到二十六年，為中國艱苦建國的十年，內亂外患，交相煎迫，實在是一個危疑震撼的時代，稍一不慎，便會影響全局。四老置身在這內外夾攻的環境中，深知惟有鞏固中樞，維持統一，國家才有光明的前途可言，個人的生死利害，都應置之度外。因此，對地方與中央的種種誤解乃至衝突，莫不極力奔走調解，使消滅於無形。其間舌敝唇焦，所費之苦心，將永為後人所感念！

以上所述，只是他們四老共同志業的一部分，當然不是全部；而他們每個人對國家的獨特貢獻，尤非這篇急就章的短文所能包涵。筆者由李石老之病逝，而連想到與他畢生有密切關連的吳、蔡、張三位元老，以及他們彼此的關係和志業。匆匆草此，權作李石老「甲乙丙丁論」的一個小小註腳吧！

民國六十二年雙十節於南港

（台北，《傳記文學》，第二十三卷，第五期，頁二〇～二三，民國六十二年十一月一日出版。）

第十一章

任鴻雋與中國科學社

六十年前，趙元任、胡適、任鴻雋、楊銓、周仁、胡達（明復）、秉志、章元善、過探先和金邦正等十幾位在美國哈佛（Harvard）及康奈爾（Cornell）大學就讀的中國留學生，受了當時美國急劇追求科學化與工業化的影響，孕育了一個共同的信念：中國之近代化，惟有賴於科學學術及其切實的應用。[註1]民國三年六月十日，他們在紐約州綺色佳（Ithaca）城的一次聚會中，基於上項共同的認識。乃發起組織「中國科學社」。這是一批專攻自然科學的留美學生的學術團體，也是我國第一個以傳播科學知識、鼓勵從事科學研究的組織。在以後的三十多年中，他們有計畫地推廣科學教育，帶動了中國近代科學的發展，發生了相當深遠的影響。當初的發起人，除了碩果僅存的趙元任先生外，差不多都已離開了人世。今值「科學社」成立六十年之際，特將其發起人之一的任鴻雋先生的生平及其與「科學社」的關係，作一簡單介紹。

家世及舊學時期

任鴻雋，字叔永，四川巴縣人，原籍浙江歸安縣（民國成立後改名吳興）菱湖鎮，在洪楊之亂時逃到四川。他的父親士貞（章甫）在清同治十年左右捐官，檢發到墊江縣作典吏，鴻雋便是於一八八六年（清光緒十二年）十二月二十日在墊江出生的。六歲入私塾讀書，不久考入重慶尚中學堂，一九〇四年又考入較新式的重慶府中學堂。在那裡，他不僅接受了中國傳統的教育，也接受了初步的西方教育。他所讀的有世界歷史和地理，也有嚴復的翻譯名著。儘管他無意科舉，但在這年巴縣的科歲考一萬多名童生中，竟然以冒籍的身份考取了第三名秀才。

鴻雋在重慶府中師範畢業後，曾教了一年書，積存了點錢，便於光緒三十二年底，與兩個同學乘著鹽船到了上海，進革命氣氛相當濃厚的中國公學高等預科甲班，這是當時公學最高的一班。有名的革命黨人，如：馬君武、朱芾煌、但懋辛等，都在中國公學，而後來也成為「中國科學社」重要發起人之一的胡適，當時即與鴻雋同班。

留日習化學　加入同盟會

那時上海的學界，和在日本的中國留學生是遙相呼應的，到日本留學，也是一時的風尚，而鴻雋到上海的最大目的，即是出國留學，終於在光緒三十三年底，東渡日本，於宣統元年秋，考入東京高等工業學校深造。

自庚子拳亂後，革命運動即已瀰漫全國，而在東京的同盟會員，更形活躍，有的向日本浪人購買軍火，有的自己學製炸彈，以備軍事或暗殺之用。鴻雋認為要造炸藥炸彈，非先學化學不可，所以他在高工進應用化學科。沒想到在此一念之下，即決定了他以後繼續攻讀化學的興趣。那時，他不但加入了同盟會，並曾擔任四川支部長，為購運軍火事，經常與國父的好友之一宮崎寅藏接頭。

辛亥返國　任國父秘書

武昌革命爆發，鴻雋即拋棄學業，束裝返國。及臨時政府在南京成立，胡漢民任總統府秘書長，約鴻雋為秘書，曾替國父起草過不少文電。臨時政府成立僅三個月，即告結束。唐紹儀組閣，又被請到北京國務院作秘書。元年七月，唐內閣垮台，鴻雋到天津《民意報》擔任總編輯，《民意報》的主辦人是李煜瀛（石曾）、汪兆銘、趙鐵橋、張煊、羅世勛、甄亮甫等，嗣因鴻雋在該報發表朱芾煌的日記《共和建設別記》，於八月三十日被袁世凱下令停刊。（旋又復刊，至民國二年二次革命失敗，方永遠停刊）鴻雋乃結束了短時期的報館生活，離津南下。

稽勳學生　赴美留學

元年十月二十二日，臨時政府稽勳局（局長為馮自由）第一次選派參加革命有功民國青年任鴻雋、宋子文、楊銓（杏佛）、邵逸周、張競生、譚熙鴻、蕭友梅等二十五名，赴東西洋留學，這批學生被稱為「稽勳學生」。鴻雋和楊銓等被指定去美國，他們十月二十六日在上海乘「蒙古」號輪船啟程，到另一個新大陸去。[註2]

鴻雋到了美國，在他個人的生命史中，開始了新的一頁。他先入康奈爾大學，民國六年，繼入哥倫比亞大學研究所，分別獲得化學學士及碩士學位。當他初抵康奈爾時，胡適曾去車站迎接，據民國元年十二月一日《胡適留學日記》云：

「十二時下山，至車站迎任叔永（鴻雋），同來者楊宏甫（銓），皆中國公學同學也。二君皆為南京政府秘書，叔永嘗主天津民意報。然二君志在求學，故乞政府資遣來此邦。多年舊雨，一旦相見於此，喜何可言。」註3

鴻雋在留美期間，對中國留美學生的各種活動非常熱心，曾為胡適所主編的《留美學生季報》撰寫文稿，也曾為改良中國文字與中國文學問題與胡適展開過激烈的辯論。胡適「文學革命」的口號，就是和鴻雋、楊銓、梅光迪、唐鉞等人反覆討論出來的。註4儘管他們的見解不同，但無害於私交。

發起中國科學社

民國三年夏，鴻雋和其他留美同學，鑒於祖國科學知識之缺乏，聚集在綺色佳城，決意先從編刊科學雜誌入手，以傳播科學、提倡實業為職志，這就是「中國科學社」的濫觴。關於該社由發起到正式成立的經過，鴻雋於民國五年在「中國科學社」舉行第一次常年大會時，以「外國科學社及本社之歷史」為題所作的演講中說得很清楚：

「我們的『中國科學社』發起在一九一四年的夏間。當時在康奈爾的同學，大家無事閒談，想到以中國之大，竟無一個專講學術的期刊，實覺可愧。又想到我們在外國留學的，尤以學科學的為多。別的事做不到，若作幾篇文章，講講科學，或者是還可能的事。於是這年六月初十日，大考剛完，我們就約了十來個人，商議此事。說也奇怪，當晚到會的皆非常熱心，立刻寫了一個原起，擬了一個科學的簡章，為湊集資本、發行期刊的豫備。當時因見中國發行的期刊，大半有始無終，所以我們決議，把這事當作一件生意做去。出銀十元的，算作一個股東。有許多股東在後監督，自然不會半途而廢了。不久也居然集了二三十股，於是一面草定章程，組織社務，一面組織編輯部，發行期刊。……我們的『科學』第一期，才得於一九一五年正月出版。諸君曉得我們科學社的宗旨，是要振興科學、提倡實業，僅僅一個期刊，要想達到這宗旨，豈不是夢想。後來社員中覺得此事要緊的，也日多一日。就有鄒應憲君，正式提議改組本社為學社。即由董事會發信問全體股友的意見，得一致贊成。再於一九一五年六月，由董事會派胡明復君、鄒秉文君及兄弟三人，為新社總章起草員。此章程於一九一五年十月由社員全體通過。從此『中國科學社』遂告正式成立。」[註5]

科學社於民國四年十月二十五日正式成立同時，公舉鴻雋及趙元任、胡明復、秉志、周仁五人為第一期董事，楊銓為編輯部部長。[註6] 民國六年三月，呈准教育部立案為法人團體。

科學社的事業

科學社的宗旨為：研究學術、灌輸知識、謀中國科學與實業之發達。在民國六年呈教育部文中所列該社擧辦的事業，有以下幾項：

（１）發刊雜誌，以傳播科學提倡研究。

（２）著譯科學書籍。

（３）編訂科學名詞，以期劃一而便學者。

（４）設立圖書館以供參考

（５）設立各科研究所，施行科學上之實驗，以求學術、實業、與公益事業之進步。

（６）設立博物館，搜集學術上、工業上、歷史上以及自然界動植研物諸標本，陳列之以供研究。

（７）舉行科學講演，以普及科學智識。

（８）組織科學旅行研究團，為實地之科學調查與研究。

（９）受公私機關之委託，研究及解決關於科學上一切問題。[註7]

嗣後該社總章雖屢有修改，文字略殊，而實質並無改動。從上述所列舉要辦的事業，不難看出他們努力的方向，在以後的若干年，均能照此逐步實行。例如：民國九年在南京成立圖書館（二十年又在上海成立明復圖書館，以紀念胡明復博士），十一年在南京成立生物研究所，並在南京社所闢自然歷史博物館（二十二年又在上海明復圖書館闢第二博物館），十九年成立科學咨詢處。此外，並設有科學教育委員會，從事調查與改良各中等學校科學上之設備與教材，又於十八年創辦中國科學圖書儀器公司於上海。在各地舉行公開學術演講。參加科學名詞審查會，並迭次代表我國學術機關參與國際科學會議。至於其出版的書刊，更是洋洋大觀，計有：（１）科學雜誌，（２）論文專刊，（３）科學叢刊，（４）科學叢書及通論，（５）生物研究論文，（６）科學畫報半月刊，等多種。

民國十八年一月，胡適曾擬過一首中國科學社社歌，其詞為：

（一）我們不崇拜自然，他是個刁鑽古怪，

我們要攎他煮他，要使他聽我們指派。

（二）我們叫電氣推車，我們叫以太送信，——

把自然的秘密揭開，好叫他來服事我們人。

（三）我們唱天行有常，我們唱致知窮理。

不怕他真理無窮，進一寸有一寸的歡喜。[註8]

此歌有趙元任的曲譜，曾於十九年北平社友會慶祝該社十五週年紀念會中試唱。由這首歌的詞句中，也充分地表達出他們研究科學、追求真理的精神。

科學雜誌

在中國科學社所印行的書刊中，最重要而持續時間最久的，便是《科學》月刊。《科學》月刊自民國四年一月創刊，到民國三十九年十二月止，共編印了三十二卷，前後長達三十六年之久，不僅是中國第一份科學性的雜誌，而且堪稱集國人介紹科學文字之大成。其初期的總編輯為楊銓，當時他曾以打油詩向趙元任索稿，中有「寄語趙夫子，科學要文章」之句，趙元任也回了一首詩：

自從肯波（Cambridge）去，這城如探湯；

文章已寄上，夫子不敢當；

纔完又要做，忙似閻羅王（原註：Work like hell）；

幸有辟克歷（野宴Picnic譯音），屆時還可大大的樂一場。[註9]

這詩裡透露了嚴肅的工作情趣，也洋溢著樂觀的幽默感。任鴻雋更是這個刊物的經常執筆人。由於他們的努力不懈，構成了科學社成功的有力因素。

科學社的發展

民國七年，科學社的辦事機關由美國移歸國內，設事務所於上海及南京，執行社務。八年十一月，呈准財政部撥給南京成賢街文德里官產為社址，九年三月遷入。十六年冬，國民政府撥給四十萬元國庫券為該社基金。十八年四月，總辦事處及編輯部移設上海亞爾培路之新建社址。此後未再遷移。

其部組織也曾有變動。十一年八月，該社在南通舉行常年會，通過改原有之董事會為理事會，以理事十人及總幹事一人組織之，綜理全社行政事宜。另設董事會，董事九人，主持該社經濟及大政方針。董事會為其最高決策機構，由學界名流及社會賢達組成，其先後任董事者，有：蔡元培、馬良（相伯）、汪兆銘、熊希齡、吳敬恒、宋漢章、孫科、胡敦復、孟森、任鴻雋……等。理事會為最重要的執行機構，先後任理事會理事的，有：任鴻雋、王璡、楊孝述、周仁、錢寶琮、高君珊、翁文灝、趙元任、胡剛復、竺可楨、楊銓……等。

就社會文化方面來說，科學社的領袖群，無疑地是一些極具開拓性和影響力的先驅，在他們的主導下，西方科學文明大量輸入中國。其中任鴻雋先生，更是一位值得注目的人物，在該社成立之初，他即成為重要負責人之一，先後曾三度出任理事會會長要職：民國三年至十二年、二十三年至二十五年、三十六年至三十九年。由「科學社」所舉辦的事業中，我們不難看出，在民國十六年中央研究院成立前，科學社在中國是最有影響力的科學團體。基於這種理由，任鴻雋和他的社友們如：丁文江、楊銓、竺可楨、秉志，及翁文灝等，在中國被目為發展現代科學的拓荒者。[註10]

此外，我們從科學社社員激增的情形，也可看出其發展的迅速。民國三年的會員為三十五人，到十四年為七二八人，十年間增加了二十倍，至二十四年，社員總數一千四百八十餘人，比最初增加了四十多倍。民國七年該社自美國遷到國內後，於民國九年復在美國設有分社，社長為梅貽琦。並先後在國內各地，如上海、北平、南京、瀋陽、廣州、杭州、重慶、青島、蘇州等設有九個社友會，遍布整個中國。各社員研究之學科，更是包羅萬象，計有：物質科學（包括算學、物理、天文、化學——化工附、地學——氣象附）、生物科學（包括生物、醫藥、農林）、工程科學（包括電工、土木工——建築附、機工——造船附、礦冶、染織）、社會科學（包括心理、教育、經濟、商業、政治、社會、文、史、哲）等。[註11]這一大群卓越的科學工作者，默默地在為中國開拓科學知識的領域。

獻身教育工作

民國七年，鴻雋自美學成返國，應四川省當局邀請草擬在該省創設一所煉鋼鐵廠的計劃，因此，他又於八年赴美國採購機器。九年至十一年，他又出任教育部專門教育司司長的職務。十一年至十三年，任上海商務印書館編輯。十二年至十四年，出任南京中央大學的前身——國立東南大學副校長。[註12]在民國十年三月二十八日，他曾以專門教育司司長的身份，奉派為東南大學校董會教育部代表。[註13]這時，「中國科學社」的發起人及社員，如楊銓、秉志、胡先驌（步曾）等，也都在東南大學任教，由於他的出任副校長，更進一步加強了這兩個機構的關係。

鴻雋雖然在清末就已加入了同盟會，可是並沒有加入國民黨。但他對民國十六年國民黨所領導的北伐之役，寄予無比的熱望，他認為那是消滅軍閥、使國家走向現代化的第一步。由於愛之深，所以責之也嚴，對國民政府的一些措施，曾有善意的批評。例如當時所倡行的「黨化教育」，就不表同意，他認為這一觀念，已經違背了啟發個人對知識好奇心的教育目的。

接長四川大學

四川大學於民國二十年改為國立，第一任校長是王兆榮。二十四年八月六日，行政院第二二四次會議，通過准王兆榮辭職，而由任鴻雋繼任校長。九月二十三日，國民政府正式予以任命。[註14]四川號稱天府之國，但由於省內軍閥連年戰亂，已成中國最落後的省份。這一任命，對他來說，無疑地是一種挑戰，他卻以坦誠的胸懷與決心，接受了這一挑戰。於是邀請一部份高水準的學者到川大去講學，並在川大加強科學與農學的教學，充實各種研究設備。後來曾任川大校長的黃季陸，在為《中華民國大學誌》所撰寫的「國立四川大學」一文中，指出任鴻雋對川大的貢獻時云：「任氏對理農兩院的設備，力謀充實。農學院的教授們日後能對稻種改良、兩季玉蜀黍、雜糧改種等數十種重大貢獻，均有賴於此充實足用的科學設備。」[註15]民國二十六年六月十六日，他辭去川大校長的職務獲准，由張頤代理。

參加國民參政會

民國二十六年，由於抗日聖戰的爆發，國民政府乃設法擴大其政治基礎。這年七月，蔣委員長在廬山召集談話會，邀請全國名流學者商談國是，任鴻雋也在被邀請之列。翌年七月，當國民政府成立國民參政會，做為一個由各階層人民及在野黨代表所組成的諮詢機構時，任鴻雋即以學術界代表的身份，被遴選為參政員。

出任中央研究院總幹事

「中國科學社」初成立時，在學界最富時望的蔡元培正旅居法國，獲悉此事後，立即馳函予以鼓勵。民國六年，蔡元培自歐返國出任北京大學校長，即由北大月撥輔助金二百元給「科學社」，作為津貼印刷《科學》雜誌之用。[註16]這充分證明這位具有遠見的教育領袖，在一開始就認定了這一民間科學團體的價值。以後，他在精神或物質方面，都提供了重大的協助，並曾擔任該社董事會的董事及南京社友會的理事長等職務。當民國十六年蔡元培籌設大學院及中央研究院時，「科學社」的朋友們也都盡力相助：任鴻雋及王璡，為大學院科學教育委員會的委員，胡適與楊銓，則是大學委員會的委員，楊銓後又擔任大學院的副院長，對蔡氏的協助尤大。大學院成立了一年多，即改為教育部，蔡元培辭去大學院院長，專任中央研究院院長，楊銓即擔任中央研究院的第一任總幹事，成為蔡元培最得力的助手。中研院既為全國最高科學研究機構，科學社的社員由於志趣相同，加入工作者更多。如：地質調查所籌備委員翁文灝，理化實驗研究所籌備委員胡剛復，以及後來化學研究所所長王璡、工程研究所所長周仁、氣象研究所所長竺可楨等，都是「科學社」社員。[註17]民國二十二年六月楊銓遇刺後，由丁文江繼任為中研院第二任總幹事。丁文江也是「科學社」社員。二十五年，丁文江因煤氣中毒病故，總幹事由朱家驊接任。至二十七年朱家驊因為工作繁忙，不克兼顧，即由任鴻雋出任第四任總幹事，協助蔡元培處理院務並兼任化學研究所所長。[註18]事實上，這時蔡氏因年高多病，滯留香港，無法到大後方主持院務，全部責任都落在總幹事身上。由於抗日戰事的關係，任鴻雋將化學所遷到昆明，在大多數學者生活極為困苦下，他主持了這一重要而無聲無色的科學實驗工作。直到二十九年蔡元培病逝香港，由朱家驊繼任院長，他才將總幹事移交給傅斯年，三十一年辭去了中研院的工作，專任中華教育文化基金董事會（簡稱「中基會」）的幹事長。

服務中基會

我國另一個與發展科學有密切關係的機構，便是中華教育文化基金董事會。在該會中，任鴻雋也是重要負責人之一。

中基會為保管及處置美國退還庚子賠款之機構，成立於民國十三年九月，由十名中國董事及五名美國董事所組成。設董事長一人，副董事長二人，秘書一人，會計二人，均為名譽職，幹事長一人，為本會執行事務長。在董事會不開會期間，會務由執行委員會及財政委員會處理之。[註19]關於中基會成立的背景，任鴻雋在「十年來中基會事業的回顧」一文中說：

「這個機關的組織，是美國退還庚款的一個條件。當時國民政府尚未北伐，北方的軍閥又瀕於崩潰，美國政府不把這筆款子直捷了當的交還中國政府而要求成立一個中美合組的董事會來管理，老實說，就是表示對於當時政府的不信任。」[註20]

根據該會的章程及議決案，此款當用以發展中國教育及文化事業。所謂教育文化事業的範圍，即：（1）發展科學知識，及此項知識適於中國情形之應用，其道在增進技術教育，科學之研究、試驗、與表證，及科學教學法之訓練；（2）促進有永久性質之文化事業，如圖書館之類。中基會自成立後，即朝此方向努力。除補助辦理已有成績及實效已著之現有教育文化機關外，該會更有自辦及合辦之事業，如：國立北平圖書館、社會調查所、靜生生物調查所、編譯委員會，及供給科學儀器等。[註21]對於促進中國的科學研究，有非常大的貢獻。

自民國十四年，也就是中基會成立的第二年起，他就在該會擔任著重要的職務，初為秘書，十八年一月四日，當選為董事，並自是年起，至二十四年止，也就是第二次中日戰爭爆發前，我們委屈求全所爭取到的「艱苦建國」的那段時間內，他擔任中基會最重要的職務——幹事長。及二十六年辭去四川大學校長後，又出任中基會編譯委員會的委員長。三十一年辭去中研院的工作後，再度擔任中基會幹事長。當時該會基金短絀，因為自二十八年起，庚款即已停付，中基會不得不依賴銀行借款來維持其活動。三十一年一月，該會在重慶成立一應付危急委員會，由翁文灝充主任委員，周詒春任榮譽秘書，Arthur N. Young及鴻雋任財務理事，執行委員會則由孫科、蔣夢麟及Arthur N. Young等所組成。由於以上諸人的努力，才使中基會能夠繼續聘請研究講座、設立獎學金、補助科學文化機構、及維持國立地質研究所土壤研究部門的種種計劃。民國三十四年，抗戰勝利，中基會即由重慶遷到上海。[註22]由任鴻雋在中基會歷年擔任的各種職務，也可看出他的貢

獻所在。

民國三十五年，任鴻雋再度赴美。三十六年回國後，即留居上海，他多年來所苦心經營的「中國科學社」，被迫解散。這一由民間力量所推動的科學運動，對中國社會所產生的意義和影響，是相當深遠的。

前塵瑣記

民國二十六年抗日戰爭發生時，任鴻雋和家人曾在廬山的森林植物園內住了半年。當時他正滿過五十歲，山居無事，曾寫了一篇長約一萬字的〈五十自述〉。當然不夠詳盡。三十九年五月，他又寫了一篇記述其二十五歲以前的生活史片段，定名為〈前塵瑣記〉（曾影印數份贈予親友作紀念），長約二萬字，僅記至民國元年赴美留學為止，[註23]對他的家世及早年的生活，有了較為完整的記載，可惜以後沒能再繼續撰寫。民國五十年十一月九日，在大陸病故，享年七十六歲。

1948年任鴻雋、陳衡哲夫婦攝於上海。

鴻雋雖治科學，然於詩文，夙深造

詣，曾為清末民初詩人集會「南社」社員，所寫舊詩，並未印行。其散篇文字，多發表於《獨立評論》。有關科學之論文，多發表於《科學》雜誌，收錄在民國二十三年一月「中國科學社」增訂再版的《科學通論》一書中者，僅有十四篇。與李珩、吳學周合譯W. C. Dampier-Whetham的《科學與科學思想發展史》，由商務印書館出版。

他的夫人陳衡哲女士，字莎菲，江蘇武進人，她的父親名季凝。季凝有二兄，一為陳鼎，字伯商，是蔡元培中舉時之座師；一為陳範，字夢坡，是清末上海蘇報館的主人，俱有名於時，可謂書香門第。衡哲留學美國攻讀歷史，曾任北京大學史學系教授，著有《西洋史》、《文藝復興史》、《衡哲散文集》等。她的小品文《小雨點》，更是有口皆碑。當她留美時，是主張不婚主義的，留學生中沒有人敢去碰釘子。她與任鴻雋相識已久，相知亦深，直到民國八年鴻雋二次赴美時，她感他三萬里求婚的誠意，方才拋棄了她的不婚主義，於九年夏間相偕返國，然後結婚。[註24]他們有子女三人：長女以都，有才女之稱，與長子以安，現均居美國，僅次女以書留在大陸。

（台北，《傳記文學》，第二十四卷，第六期，頁一一——一六，民國六十三年六月一日出版。）

註1：郭正昭：〈「中國科學社」與中國近代科學化運動（1914~1935）〉，見中華民國史料研究中心編印：《中國現代史專題研究報告》，第一輯（臺北，民國六十二年十二月），頁二四二。

註2：以上參考任鴻雋：〈前塵瑣記——叔永廿五歲以前的生活史片段〉（手稿）。

註3：《胡適選集——日記》（臺北，傳記文學社，民國五十九年八月），頁一〇一——一〇二。

註4：胡頌平：《胡適先生年譜簡編》（臺北，大陸雜誌社，民國六十年十二月），頁一二。

註5：任鴻雋：〈外國科學社及本社之歷史〉，見「中國科學社」編：《科學通論》（上海，民國二十三年一月增訂再版），頁四五五——四五六。

註6：竺可楨：〈中國科學社〉，見朱經農等編：《教育大辭書》（上海，商務，民國十七年七月），頁七八。

註7：同註五，頁四六三——四六四。

註8：《胡適選集——詩詞》，（臺北，傳記文學社），頁九三——九四。

註9：任鴻雋：〈中國科學社二十年之迴顧〉，收入劉咸選輯：《中國科學社二十年》（上海，中國科學社，民國二十六年五月初版），頁三。

註10：Howard L. Boorman, Biographical Dictionary of Republican China,（Columbia University Press, 1968）Vol.2, P.220.

註11：《科學通論》，頁四七〇——四七四

註12：同註十。

註13：丁致聘：《中國近七十年來教育記事》（上海，商務印書館，民國二十四年五月），貞九一。

註14：劉紹唐：《民國大事日誌》（臺北，傳記文學出版社），第一冊，頁五三二。

註15：張其昀：《中華民國大學誌》（臺北，中國新聞出版公司，民國四十二年九月），頁八〇。

註16：同註六，頁七八。

註17：黃季陸：《抗戰前教育與學術》（「革命文獻」第五十三輯，臺

北，中央黨史會，民國五十九年十二月），頁一〇——二一。

註18：《中央研究院概況》（臺北，中研院，民國六十一年七月），頁一——四。

註19：莊文亞編：《民國二十三年全國文化機關一覽》（臺北，中國出版社影印本，民國六十二年四月），頁一六五。

註20：任鴻雋：〈十年來中基會事業的回顧〉，見《東方雜誌》，第三十二卷，第七期，民國二十四年四月十六日出版。

註21：同註20。

註22：同註十，頁二二一－二二二。

註23：任鴻雋：〈前塵瑣記〉。

註24：郭學虞：〈胡適與陳衡哲的一段往事〉，見《傳記文學》，第十卷，第五期，民國五十六年五月出版。

第十二章

維護國格　樹立典範

——想念蔣廷黻

近來近來常見政治人物信口開河、逞一時之快的報導，深感不以為然者有之，拍掌叫好者亦有之，不禁令人想念蔣廷黻先生的風範。陳之邁先生寫過一本《蔣廷黻的志事與平生》（傳記文學社民國五十六年一月初版），介紹其一生的重要貢獻，筆著對所述在擔任我國駐聯合國常任代表時，「使得最慓悍兇狠的蘇聯代表，除卻強詞奪理一片謾罵之外，簡直不是對手」一事，留下極為深刻的印象。

廷黻先生主要的對手是蘇聯代表，赫魯雪夫在聯合國大會場脫下鞋子來拍桌子，口裡喊著譯員譯不出來的咒語，各國代表莫不為之側目。廷黻先生被指罵為「僵屍」、「垃圾堆裡的蛆蟲」，且看他的答覆：「我很容易用蘇聯代表罵我同樣的聲調和字眼來反罵他。但我要避免這樣做法，因為這是不合中國關於尊嚴、說話分寸和禮貌的概念的。倘若我用同樣的語言來反罵，我的國人

1949年11月下旬，蔣廷黻出席聯合國第四屆常年大會第一委員會討論控蘇案時所攝，右為陳之邁。

1949年蔣廷黻抵美展開外交生涯，向外交界前輩中國駐美大使顧維鈞請教時留影。

就會驚奇，怎麼於參加聯合國工作八年之後，我竟變成了一個野蠻人了？」（民國四十四年十二月十三日在安理會發言，是時正在蘇聯代表否決了十五個自由國家入會，中國代表否決了外蒙古入會之後。）〔頁一〇六〕

之邁先生說：「這幾句簡單的話保存了廷黻的人格，中華民國的國格，以及〈聯合國憲章〉所要維護的人類尊嚴。」答辯時理直氣壯而不失聲不失態，是我國文化中的優良傳統；用粗暴鄙野的言語辦外交，則是俄國的本色。四十多年過去了，廷黻先生和蘇聯代表留給世人的印象如何？值得政治人物三思！

民國八十六年九月十九日

聯合報十一版　民意論壇

1962年7月20日，環球小姐第四名的中國小姐劉秀嫚訪問華府，駐美大使蔣廷黻夫婦在雙橡園官邸舉行茶會歡迎，並邀華埠小姐作陪。左起：1961華埠小姐梅珍珠、1962華埠小姐李美荷、劉秀嫚的監護人魏淑娟、蔣廷黻、劉秀嫚、蔣廷黻夫人沈恩欽、1960華埠小姐李雅女。

第十三章

在杜呈祥先生左右

民國五十一年九月八日中午，正中書局編審部的一位朋友來告訴我：「杜先生今天早晨去世了。」這是一個多麼驚人的消息！他雖然患的是一種絕症——肝癌，但我始終抱著吉人天相的想法，希望奇蹟也降臨在杜先生身上。他的身體看來是那麼健康，而且年齡也僅有五十四歲，那知竟然撒手長逝了！

杜先生是七月四日住入榮民總醫院的，到了八月六日我才知道，即去醫院探望。去時，他正躺在病床上強打精神批改二卷八期《新時代》雜誌的稿件，每看幾頁，就要停下來休息一下；由於病魔的糾纏，氣色已大不如前了。八月十八日，院方以「膽結石」症開刀。其實他的肝病已到了非常嚴重的地步，只是醫師和親友們都不敢把病的真相告訴他，希望他的體力能克服了病魔。但畢竟是上了年紀的人，沒有能夠從死神的手裏搶救回來。

我認識杜先生是去年的事。去年二月

初，我服完預備軍官役，回臺北，吳老師相湘答應介紹去《新時代》雜誌社工作；《新時代》的主編是毛子水先生，但真正負責編輯工作的卻是杜先生。十五日是舊曆年初一，我去相湘師家拜年，恰巧遇到了杜先生，談及工作事，杜先生略作詢問，立即應允下來，等主編毛先生及發行人林一民先生同意後即可到社工作。言談之間，態度至為誠懇。一位老教授，肯這樣提拔一個剛剛認識的青年，毫無推拖之詞，在急於謀求工作的我來說，真是由衷的感激！

《新時代》是五十年元月十五日創刊的，三月一日，我便正式到社服務。是第一個也是唯一的一個專任人員。杜先生不在社裏辦公，所有的稿件、函札及資料等，均送他家批閱。因為業務上的關係，經常去杜先生處請教，他的態度是那麼和藹可親，使人易於接近；對每個問題，他都很耐心地給你解答；對人說話，從不疾言厲色，總是很温和地在分析事理，談起家常來，更是有忠厚長者之風，給人以親切之感。一次，在醫院中談起某醫院的實習醫師來，他說：「那些小老弟們，對病人太不關心。」語中有責備，也有原諒。他不說教，但在不知不覺中，已使你潛移默化了。我一向怕見長輩，在長輩面前，總是拘謹得很，但在杜先生面前卻是例外，我能很自然地述說自己的見解，說錯了話，他便加以糾正，從不見怪。這一年多來，在他循循善誘的教導下，使我不僅在出版方面獲得了很多寶貴的知識，在待人接物和做學問上，也得到了不少的教益！因此，他的仙逝，不但使我失去了一位親愛的鄉長，也失去了一位良師！

在《新時代》工作了一個時期，因為我的興趣不在這方面，所以便離開了，但仍常常得到杜先生的指導。今年三月間，杜先生接任正中書局總編輯，工作較加忙碌，終於積勞成疾，那想到竟由此一病不起呢！一次，他在病床上告訴我：「我的病多半是這個雜誌累出來的。」這話一點也不假，《新時代》的創辦情形，我因為去的晚，不大清楚，可是從一卷三期至二卷八期這段期間，所有的編輯工作幾乎全由杜先生負責。他對選稿的審慎和工作態度的認真，我是深深知道的，他常常說：「一個人要對自己忠實，凡事馬虎不得。」他不僅說得到，而且也真的做到了。他在病床上核稿的情形，最使我難以忘懷，他那種安然的樣子，幾乎使人不能相信他是一個病入膏肓的人，冥冥之中好像有一種力量在支持著他完成他心愛的工作，等到把稿子看完後，那付頹然的神色，在告訴我們他又透支了很多精力，但他自己的心情上是非常愉快的。醫師和去看望他的親友們，都異口同聲地勸他不要這樣勞神，都在為他的健康躭心，但又不敢把病的真相告訴他，他一直認為自己的病很快就會好了，堅持著把二卷八期的稿子看完，當

杜呈祥教授所編的最後一期《新時代》月刊第二卷第八期。

這一期雜誌出版後送到他手裏的時候，這才接受醫師的開刀。現在，第二卷第九期的《新時代》又快要出版了，可是杜先生呢，卻再也看不到了。

杜先生晚年大部份的精力都放在這個刊物上，裏面的一字一句，都含有杜先生的心血和精神，在辦雜誌相當困難的今天，正需要有一位熱心的人來領導；而吾輩青年，也正有待這麼一位良師來獎掖，來誘導，不幸天不假壽，能不令人哀痛！因些，杜先生的溘然仙逝，不僅是吾輩青年的一大損失，同時也是文化界的一大損失！而我個人的哀痛，卻是永遠無法平復的！

民國五十一年九月十三日中央日報副刊

第十四章

敬悼《山東文獻》發行人楊校長鵬飛老師

二十年前，具有遠見之在臺魯籍先進，看到流寓臺灣的老輩逐漸凋零，恐怕吾齊魯近代文獻，有漸致湮沒的危險，想創辦一個刊物加以彙集，以便永久保存；可是要創辦這樣一份區域性刊物，真是談何容易！出版費的籌措是一大難題，稿源、編輯以及經理人才，也都不易尋找。雖醞釀很久，仍然功虧一簣。

當時在中央研究院近代史研究所工作的張玉法兄，因為從事近代山東省區域研究的關係，也感到對吾魯文獻之蒐集、刊布，刻不容緩，今日若不做，明天就會後悔，眼見各省文獻之創刊者日多，也亟思效法；惟在同鄉中，尚屬年輕一輩，恐不足以號召。於是想起了德高望重的老校長——楊展雲（鵬飛）老師，遂把他的構想詳詳細細的向老校長報告。鵬飛師聽了以後，深表嘉許，欣然挑負起創辦的重擔。經他老人家登高一呼，《山東文獻》季刊遂告誕生。

《山東文獻》自民國六十四年六月正式創刊，現已邁入第二十年，從未脱期；環顧二十年前各省所出版的地方性刊物，有的早已難乎為繼，無聲無息的停刊；有的從定期改為不定期，並縮減篇幅，以勉強維持。唯有《山東文獻》仍然一枝獨秀，二十年如一日，充份表現出我們山東人堅毅不拔的精神！這份刊物之所以維持不墜，除了各界鄉賢的鼎力相助外，最大的精神支柱就是楊鵬飛老師。鵬飛師體質素健，雖年近期頤，猶耳聰目明，看報不用眼鏡，接聽電話也毫無障礙，稟賦之厚，非常人所能及！不料八十三年八月三十日，因偶染感冒微恙，遽併發肺炎，而引致敗血症，竟爾不起。他老人家走得太突然、太快了，實在令人無法接受這個殘酷的事實；可是從另一個角度來看，他沒有忍受過多的針藥之苦，也省卻了子女、門生侍疾之勞，未嘗不是一種福氣——人生難得修來的福氣！

鵬飛師一生歷任黨政文教要職，其諸多貢獻，非本文所能盡述，也非筆者這後生小子所能盡知。但有一點是可以肯定的，那就是他老人家一生最大的心力係集中於教育事業。他的朋友劉安愚、姜增發、安季邦、李士崑四位先生所撰輓聯的上聯為：「抗日軍興，首倡學校南遷，中原板蕩，員林絳帳，齊魯子弟永懷德澤。」其中，前面兩句説的是民國二十七年，老師率領山東的流亡學生（為「流亡學生」一詞之起源），為避日軍侵擾，自山東間關到達湖北鄖陽、均縣，成立了國立湖北中學（後遷四川更名為眾所周知的「國立第六中學」），奉派為校長。這次山東各校追隨政府後遷，為全國獨有之創舉，在我國近代教育史上，是值得大書特書的事。（詳情請參閱鵬飛師所撰「國立湖北中學之始末」，刊於《山東文獻》第八卷，第四期，民國七十二年三月出版。）第三、四兩句，則是指民國四十二年至五十六年，擔任政府為第二代魯籍「流亡學生」所特別設立的「教育部特設員林實驗中學」校長。他與兩個不同時代背景的山東流亡學生都結了緣，不能不說是個異數。可是，擔任流亡學校的校長，殊非易易，需要同時扮演師長兼家長的雙重角色，不僅肩負傳道、授業、解惑的重責大任，更要照料他們的生活起居。在國家動盪不安的大環境下，解決這麼多青年學生的衣食住行等問題，其困難的情形可想而知。如果稱他老人家為「流亡學生之父」，應該是當之無愧的；而上述輓聯之末句「齊魯子弟永懷德澤」，也絕非溢美之詞。

鵬飛師自教育崗位上退休後，又與師母合力經營「樂育幼稚園」。學前教育的重要性，並不亞於中等教育，他老人家面對著一群天真無邪的民族幼苗，耐心地呵護他們，教育他們，精神上非常滿足。

但是老師的最後二十年，最為他關注的，便是《山東文獻》這個刊物。謹將創辦的過程簡述如下，聊表悼念之至意。

民國六十三年下半年，鵬飛師為籌辦《山東文獻》事自員林來了四趟臺北，均下塌於南海路之教師會館。六月十日晚，張玉法兄與筆者到教師會館去拜望老師，同赴會賓樓餐廳，與孔德成（達生）、劉安祺（壽如）、劉安愚、屈萬里（翼鵬）、姜增發、于寶崙（仲昆）諸鄉長共進晚餐；老師在席間說明創辦《山東文獻》之重要性，請大家鼎力支持，共同為保存桑梓史料盡一份心力，當場決定在座各位分頭展開推動工作：經費方面，推請孔達公、劉壽公出面募集二百五十萬元作為基金，以利息所得支付印刷等費用；玉法兄負責草擬初步計

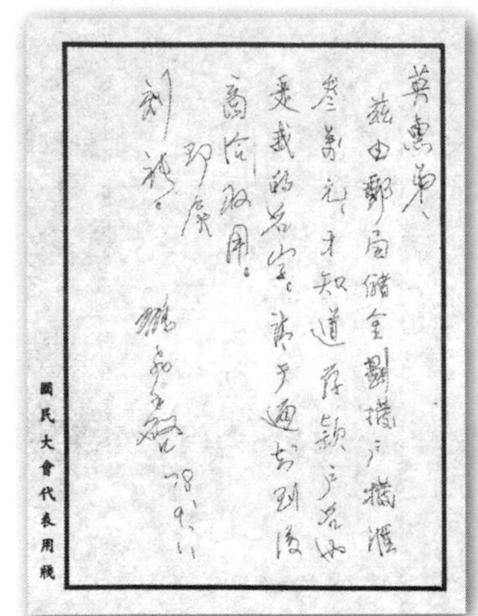
英惠弟：
茲由郵局儲金劃撥戶撥匯叁萬元，未知道存款戶名如是我的名字。請予通知到後
商洽取用。
即候
刻祺。
鵬飛手啟 78、9、1

國民大會代表用牋

山東文獻楊發行人展雲（字鵬飛）於1989年9月1日致作者函，匯了叁萬元至文獻帳戶。

畫；至於詳細規章，則請姜先生擬訂。這是正式籌辦本刊的第一次會議。與會的九人當中，屈先生、于先生及鵬飛師已先後謝世，可惜當時沒有留影作為紀念。在經費方面，因為困難重重，始終沒能募到基金，使得這份刊物先天不足。七月九日，鵬飛師再度北上，玉法兄、張存武兄與筆者又到教師會館拜望，商定由他老人家在員林辦理登記，因為缺乏足夠的財力及人力，無法辦月刊，決定出版季刊。當時蓬萊孫繼丁（丙炎）鄉長也住教師會館，他與老師係多年老友，也一起參加討論，對於創辦《山東文獻》極表贊成，願出錢、出力，共襄盛舉。當時丙老已八十八歲高齡，其熱心桑梓文化之精神，令人肅然起敬！在鵬飛師之敦請下，擔任本社社長，擘劃督導，尤多辛勞。（丙老不幸於六十七年九月十一日，以胃疾遽歸道山。）七月十一日晚，玉法兄再與筆者到教師會館看望老師，認為在經費不易籌措的情況下，求人不如求己，商擬由老師與玉法、存武兩兄及筆者各出一萬元先辦起來，均為義務職，等可以維持時再請專人負責編務。惟因經費之籌措，一直未能如願，所以也一直請不起專人負責編務。十一月三日及十二月四日，老師又兩度北上，商定列名發起之鄉長、發起啟事、以及徵稿簡約等，已經由籌備進到著手執行了。

民國六十四年，鵬飛師跑了八趟臺北，以七十七歲的老人，不辭舟車勞頓，其辛苦可想而知。二月四日，專程到南港拜訪中央研究院歷史語言研究所屈所長萬里院士，請為《山東文獻》撰寫發刊詞，慨然應允。四月九日，在教師會館商量社務之分工：以周群兄為常年義務法律顧問，經理部門由趙儒生兄負責，在編輯方面，則由玉法、存武兩兄及筆者輪流擔任，每人編一期或數期，創刊號則由筆者主編。四月十二日晚，老師約在臺北市信義路中心餐廳聚餐，到會有：杜光塤（毅伯）、劉澤民、劉安愚、逄化文（彬青）、于寶崙、姜增發、褚承志（道菴）、趙公魯等鄉長及范貽皋、張存武、朱炎、張玉法諸兄及筆者，席間杜先生對編務詳加指示，獲益匪淺。這次晚宴，貽皋兄搶著付了賬。從這時起，便一面約稿，一面發排，到六月二十日，創刊號問世。在大家關心、期待、並付出許多心力下，看到了本刊的誕生，真有說不出的喜悅！六月二十九日，老師偕同玉法、存武、儒生、周群、李明儉、李實馨、符秀岐、劉一忠與筆者同到衡陽路周群兄之律師事務所（借作本社社址）發書，中午在新陶芳便餐，算是慶功宴。因為甫行出版，又無錢刊廣告，所以訂戶只有二一〇份，到九月十七日老師再來臺北時，已到達八百份，可是他老人家仍不滿意，又於十一月十八日再約集臺北市部分校友，在教師會館共商如何推銷。他老人家決定親自環島一周，在各地指定一位同學作為推銷之聯絡

1985年6月16日，於山東文獻創 10周年展覽會場合影。後排右起：宋梅村、劉安祺、楊展雲、褚承志、李雲漢、張存武，前排右起：趙儒生、作者、王曾才、王治中・何國隆。

站，惟始終未達到理想的效果。可是他僕僕風塵，為本刊奔走的精神，實在令人敬佩！

鵬飛師當時仍係國大代表，每年十二月下旬來臺北參加年會時，總要約社中同人聚餐，說是慰勞；實則最為辛勞的，仍是他老人家，不僅勞心，也更勞力！

本刊的銷路雖不甚理想，但在各界鄉賢的愛護下，每逢印刷經費發生困難時，總會紛紛伸出援手，得以繼續出版，這份熱心桑梓文化的盛情，令人感念不已！民國七十四年六月，本刊已苦撐了十年，鵬飛師深感維持了十年，雖不敢說有成，但確屬不易，為了擴大宣傳，使更多的同鄉們知道有這樣一份刊物，特於六月十六日假臺北市國父紀念館第七展覽室舉行創刊十周年展覽會，自上午九時開始，便有人陸續進場參觀，且久久捨不得離去，直到下午五點結束時，始終沒有冷場過，非常成功。鵬飛師雖然已是八十七歲的老人，可是看到辛苦經營了十年的成果，有人欣賞，他內心的喜悅不言而喻，他一直留在展覽場，與各界來參觀的友人寒暄，毫無倦容，這次豐收帶給了他最大的安慰！

到明年的六月，本刊就要創刊二十周年了，若是他老人家仍然健在，到時可能再辦一次更盛大的展覽會來慶祝一下。

世事難料，而人壽也有其限度，他老人家以九十六歲高齡而仙逝，應該了無遺憾！可是他的學生們，在祭拜所敬愛的老師時，仍然有道不盡的哀思和懷念！

補記：山東文獻發行人楊展雲校長逝世後，改由宋梅村委員繼任發行人。宋委員於民國九十一年十一月十一日病逝後，即未再推舉發行人。孫繼丁（丙炎）社長於民國六十七年九月十一日病逝，改請劉安祺（壽如）一級上將繼任社長。劉上將於民國八十四年九月九日病逝，公推劉上將令弟劉安愚校長任社長。劉校長於民國九十一年一月十九日病逝，即未再推舉社長。創刊時之總編輯宋梅村委員，改任發行人後，尚兼了一段時間總編輯，後來改請姜增發先生任總編輯。

民國七十九年，山東文獻已順利地出版了十五年。發行人楊展雲師，特於三月二十九日晚，在台北市會賓樓餐廳設宴慰勞社中同仁，到有孔德成（達生）、宋梅村、劉安祺、劉安愚、楊天毅、李雲漢、莊惠鼎、張玉法、趙儒生等。在餐會中，特別以發行人、社長、總編輯三人的名義，頒贈玉法和我銀盾各一個，予以獎勵。由孔聖人德成親筆題書「吾魯健者」，楊天毅先生找人製做，以山東省簡圖為底色，並由楊先生負擔工本費。孔達公所題贈之文字為：

孔德成題、山東文獻社製贈之銀盾

「吾魯夙稱舊邦，風土文物，世所嚮往；自大陸變色，人倫蕩然，山東傳統，難以為繼。玉法、英惠兩兄有鑒於此，乃有出版山東文獻之議。鵬飛兄嘉其志，力邀壽如、梅村兩兄各方呼應，並促其實現。十五年來，二位史家為文獻、為鄉誼，戮力不輟。欽佩之餘，囑題辭以贈，特書於右。孔德成題。山東文獻發行人楊展雲、社長劉安祺、總編輯宋梅村製贈。」

這個極有意義的銀盾，是山東在台的鄉長們，給予後輩的無上尊榮！

民國九十五年七月六日補記

（台北，《山東文獻》，第二十卷，第二期，頁二〇－二六，民國八十三年九月二十日出版。）

第十五章

我所認識的李超然師

近年來，老同學相聚，話題總會扯到在澎湖的那段日子，那段永遠不能忘懷的日子。那時，整個大陸剛剛淪陷，我們這群當時只有十三、四歲的孩子，剛剛遠離了故鄉和父母，隨著學校逃到了澎湖，在驚魂甫定下，吃不飽，穿不暖，那有心情讀書？當時教我們國文的便是李超然師。

超然師上課時，在嚴肅中帶有風趣，有時用極淺鮮或學生最感興趣的事情做例子，以解釋課文中深奧的意義，使同學們不致感到枯燥，因而對國文一課漸漸發生了興趣。過了一段時間，他老人家為滿足我們的求知慾，又於晚間在他的寓所裏另外開講四書，歡迎同學們自由前往聽講。當時，所有的學生都是住校的，晚上不能隨便出校門，而超然師住的地方，是在學校後面租賃的一小間民房中。晚上我和幾個同學，經常結伴偷偷蹓出校門，穿過一段黑漆漆的石子路，冒著風沙的吹打，前往聆教。大家擠在那個小房

1958年7月李超老師親自題贈的照片

間中，真是如沐春風。那時，還沒有「惡補」的名詞，自然也就不知道「補習費」為何物，而老師微薄的薪水，也只能勉強餬口而已，如果沒有安貧樂道的精神，誰願意這樣做呢？

民國四十年，我在初中畢業，直升高中。超然師曾在很多同學的紀念冊上留下寶貴的贈言。這些題字，絕不是泛泛的「勤能補拙」、「百尺竿頭」之類的空洞字眼，而是根據他對每個學生的認識，針對著他的短處，作詳盡的開導，指示一條將來應該走的路。這和孔子答覆學生問仁的情形，完全相同。超然師深知我生性愚直，遇事拘謹，除了多次面予開導外，在這年的九月十二日，他還在我的紀念冊上寫了長達五、六百字的贈言，教我如何認識世事的紛雜變化、如何修養德行；如何讀書、應該讀那些書，字裏行間，充滿著愛護之情，這些贈言，我已經珍藏了整整二十四年了，謹抄錄於下：

人生不能走直線，非走曲線不能達其嚮往。曲線如何走法？非博讀群書找不出路線來。

世事的紛雜變化，往往出乎人的意料之外；所以必須熟讀歷史，瞭解治亂興亡之迹，始能判別是非善惡。

德行的修養，雖然似覺空闊；然而一舉一動，就可以表現出來。孔子的忠恕之道，老子說的：「生而不有，為而不恃」，這樣的人生觀，總是一個「公」字。這個「公」字，是修養德行的最高峰；欲達到這個高峰，最低限度必須熟讀四書。

中國一大套治國大原則，均散在經、史、子、集各部書中；所以最低限度必須閱讀四書、書經、周禮、墨子、荀子、管子、韓非子、漢書。

辭之辯，說之奇，啟發思路，動人聽聞，最低限度必須閱讀戰國策、東萊博議。

一切純文學作品太多了，讀不勝讀，幫助你的寫作能力，滌除你的煩悶、苦惱，最低限度必須閱讀文選、唐詩三百首、及李白、杜甫、白居易、陸游的詩詞，柳宗元的遊記。

不要忘了「智識即權力」，高中階段閱讀這些書，最少而又少了。將來再求深造，再多讀書，一定可以有點心得，不致於走錯了路。

以上所開的書單，不要說在高中的三年中我沒能按照指示去讀，就是到現在，仍然有很多沒讀的，每逢翻閱這寶貴的贈言時，便有說不出的慚愧！超然師因早年沒能讀完大學，引為終生遺憾，所以自己平素總是手不釋卷，以期有所彌補，見了學生，也是勸多讀。記得十年前，在一個吃喜酒的場合，超然師聽到同桌的兩人在談一個學術上

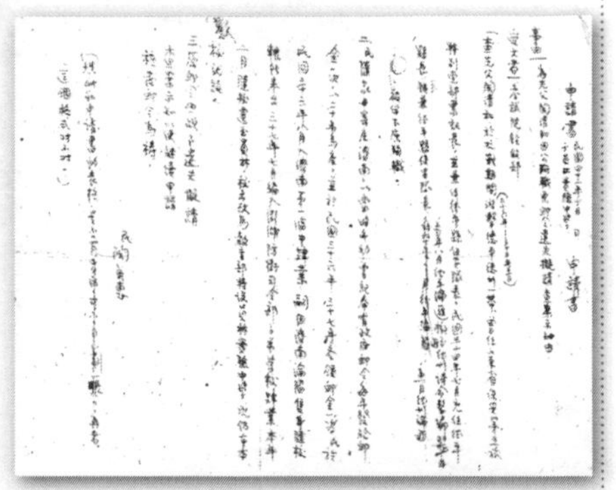

1953年10月26日，李超老師指導致銓敘部的申請書底稿，這是我第一次寫的公文。

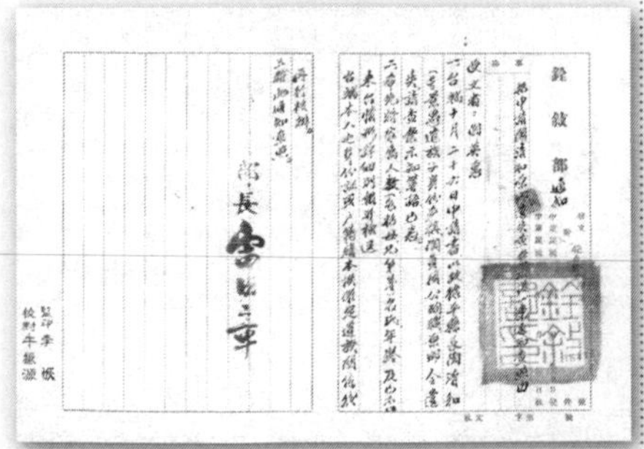

1953年11月18日銓敘部通知填報各項資料函

的問題，他因對此事缺乏研究，無從置喙，很不是味道，回寓後在寫給我的信中提到這事時，他說：「僕不克贊一辭，只好與別人胡扯而已！老棣！人必須真讀書也！」他不但不掩飾當時的窘態，反而把這件事告訴他的學生，勸他的學生要真讀書，把這件事當作前車之鑑！

超然師平常除了注意學生的課業外，對學生的日常生活、家庭狀況，也都異常關懷。民國四十二年，有一次與師談及先父殉國及撫恤等事，他除了多方勸慰外，因問及當時是否還在領撫恤金？我說撫恤金證書留在濟南家中，逃難時不敢帶在身上，已數年未領過了。超然師乃指導起草寫申請書寄銓敘部查案，竟然查到原檔，於是辦理手續，申請自三十八年起補發。結果一直領到四十三年我滿二十歲那年為止，合計為七千元。這七千元，對當時我這個一文不名的窮學生來說，真是一筆龐大的收入。其後我能順利完成大學學業，多半是靠了這筆款項。當時如果沒有超然師

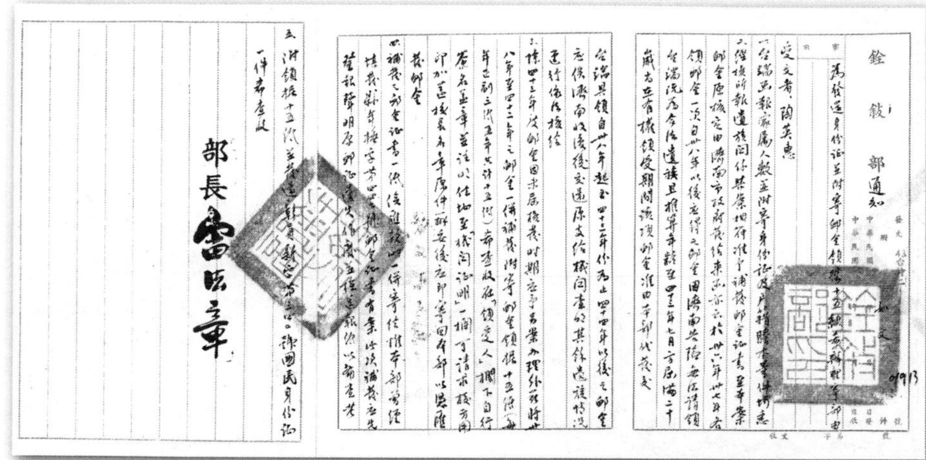

的指導，我是不知道追查的，更不知道如何去追查。

民國五十六年一月，小女昭華滿月，她雖是我的頭一個孩子，也未敢驚擾任何親友。結果超然師還是知道了。他在二月二日下午，忽然自景美駕臨南港中央研究院，我和玉法兄陪著參觀胡適紀念館，並到胡先生陵寢行禮。晚間在舍下便飯，面賜三百元見面禮，囑為孩子買個推車。日昨閱讀他的日記，發現他在這年一月二十三日記道：「下午六時，赴臺北，擬為英惠小孩買一小車，未尋到出售處所。」在同月二十五

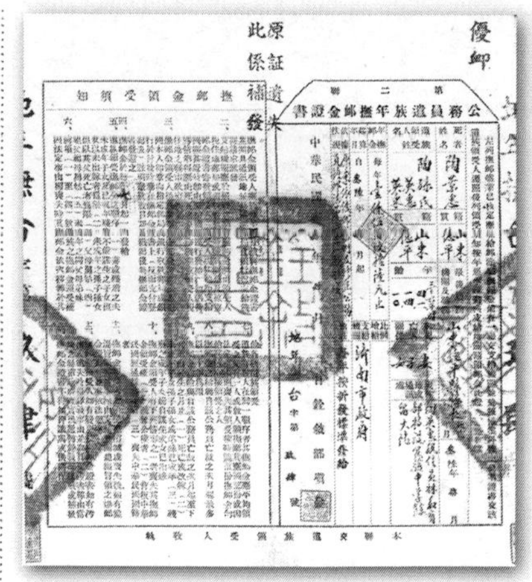

1954年4月8日銓敘部通知核准補發卹金及卹金證書

日日記又云：「晚去臺北物色英惠之小娃娃車。」結果仍然沒有買到，所以才在二月二日送來三百元買推車之代金。為了給孩子買一個小推車，竟害得他老人家自景美跑了兩趟臺北，當我讀到這兩段日記時，真是感動得熱淚盈眶！老師給予我的太多了，而我為老師做了些什麼呢？說起來真是慚愧！

超然師為濟寧望族，在三十八年隻身逃抵澎湖時，十分淒涼，我記得他那時喜歡吟咏末代王孫溥心畬逵難來臺的一首詩：「列郡驚烽火，天涯路不通。海雲陰易雨，島樹晚多風。久客為名累，孚桴嘆道窮。何時掛帆去，東望霧溟溟。」內中含有無限的蒼涼！後來很多老師在臺組織新家庭，但超然師始終不動心，十年前他在寫給我的一封信中說：「至於我個人的婚姻，更是『抱恨終生』。」原來其中還另有辛酸。但是真相若何，我怕引起他的創痛，自然不便多問。這幾年來，他輾轉打聽到一點家鄉的消息，太夫人已九十餘歲，仍健在，他兩個兒子也都長大成人

1962年12月8日，李超老師自員林來台北，老同學在火車站迎接，前排右起：常永棻、王德毅、李老師、張玉法、作者，後排左一為趙彥賓。

了。而他仍孑然一身，寄寓異鄉，在夜闌人靜時，孤坐在寒燈下，思家之情，想必更甚！他一直堅信能在有生之年可以回去，看一看舊日的田園，沒想到天不假年。臨終時沒有一字遺言，因為他不相信鬥不過病魔的。他在五十四年十二月二十五日給我的信中說：「這幾天坐汽車、吃喜酒，並不累。心中甚慰，似塵緣未了也。最少還有十年或十五年。」語氣是多麼樂觀、自信，沒想到距寫那封信只有九年半的時間，便遽歸道山，塵緣已了。如今百日之期將到，同學們為他編印紀念集，藉抒哀思！翻閱他的遺照、遺著以及寫給我的大宗函件，追思他的音容、笑貌，真有說不盡的悲泣！

六十四年九月十二日深夜寫于南港

（台灣省立員林實驗中學校友會編印：《李超然先生哀思錄》，頁一一七－一二一，民國六十四年十月出版。）

第十六章

常永棻兄瑣憶

今年元月初，我和內子明正到洛杉磯小住，與女兒及兒子兩家一塊過了個農曆年，直到二月十九日才回到台北。到家後，就接到許延熇兄的電話，告訴我常永棻兄已於二月十四日在多倫多與世長辭。雖然知道他臥病十餘年來，備受煎熬，可是遽聞其辭世，仍然不免為走了一位老友而悵然若失！不久，接到孫崇芬嫂來信，謂「準備給永棻出專書，請寫點東西。」義不容辭，謹就所知永棻的一些瑣事，草成此文，藉表哀悼之意！

一九四九年七月底，我和三十多位第一聯合中學的同學，從廈門坐小漁船到了澎湖馬公，下船後，就被送到澎湖防守司令部子弟學校，編到初中二年級一班（以後我們稱作老初二一），與常永棻兄同一班。當時對永棻兄的印象是：他在來台前是煙台聯中的，煙台聯中的同學們都經多見廣，非常聰明，令人羨慕！再者，他們說話的速度很快、而且

永棻於1951年5月17日送作者的照片

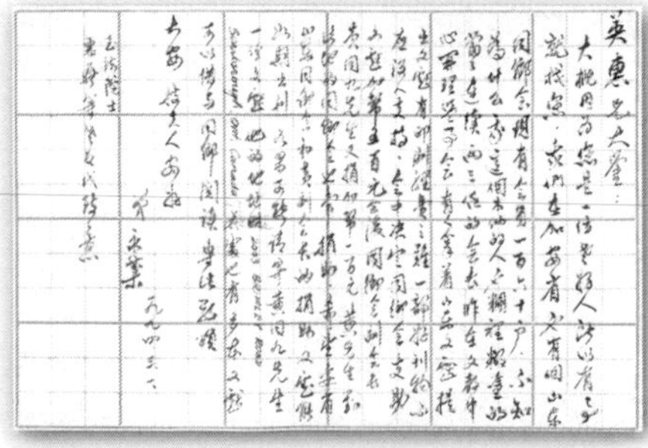

1994年3月1日永棻用毛筆寫給作者的信

音調也不高，起初我聽不大懂他們的話，例如在問午飯時吃什麼菜，他們將「豆腐乳」說成「豆腐魚」，害得大家空歡喜一場！

永棻兄濃眉大眼，沉默寡言，可能因為個子矮的關係，他坐在教室入門第一排第一個位子；老師點名時，總是第一個被叫到；而他的學業成績，在班上竟然也是第一名，並且永遠保持著第一名。這一點除了令人羨慕外，難免也有幾分嫉妒。要保持著第一名，必須加倍努力，對每門功課都要注意，是非常辛苦的。永棻多才多藝，在各方面的表現，莫不力求完美、出人頭地。他的書法，曾下過一番工夫，最初為了整齊美觀，寫字時下邊放了一把尺，才不致寫歪，也曾引起許多同學的模仿。他不只數理方面的功課好，連國文也是李超（超然）老師的愛徒之一，對他經常讚譽備至。

子弟學校於一九五三年遷台後，改名員林實驗中學。永棻於一九五四年畢業後，順利考入台大機械系，我於翌年考入台大，再度與永棻同學。畢業後，他留校任助教，我在國史館工作，仍然常相過從。

一九六一年十二月三十一日，永棻與孫崇芬學姐在台北市會賓樓餐廳結婚，老同學們群聚一堂，高談闊論，對未來滿懷憧憬！我當時仍然形單影隻，莊仲舒老師特意給我介紹了一位女同學，我明知成功的希望不大，但師命難違，不得不姑且一試。這位女同學與永棻兄嫂都很熟，他倆也竭力幫忙，並安排在他們師大的宿舍見面，結果仍然緣慳一面，就此告一段落。可是他們夫婦對我的厚愛，則一直不敢忘記！

同學們在大學畢業、服完兵役後，都想設法出國深造。那時到美國留學，要二千四百元美金的保證金，合新臺幣壹拾萬元，對我們這些隻身在台的同學來說，真是天文數字，所以很多同學選擇了去加拿大。在一九六三年九月七日，實中老友在台北市中華路真北平飯館同時為五位出國的同學送行，他們是：永棻、程顯華、李國利、王衍豐、陳永昭，除了永昭外，都是到加拿大的。我們的英文老師賈祥久師也特別自員林趕來參加。永棻是獲得加拿大沙省大學（University of Saskatchewan）的獎學金，先後獲得機械系碩士、博士學位，全家遷居多倫多，在安大略省電力公司核能發電部工作，於一九九三年退休。加拿大有一次大停電，相當嚴重，電力公司的人都束手無策，最後採納了永棻的辦法，解救了危急。他向我談這段經過時，深以自己的專業、贏得洋人的尊敬而自豪！我也深深以老友的光榮成就為傲！

一九七六年三月二日，我收到永棻寄來的樂高（LEGO）積木及蹦蹦球，這種玩具，當時在台灣還很少見。他那時在加拿大的生活並

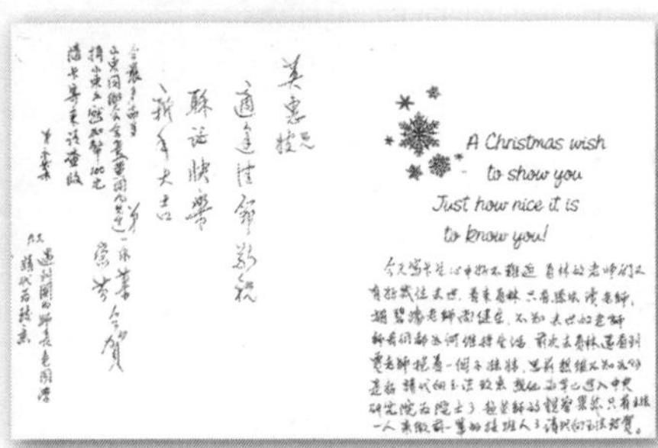

1995年12月永棻的賀卡，字裡行間，充分顯示他非常念舊、重感情。

不寬裕，還捨得給我的孩子買玩具。一九九一年八月，小女昭華赴美留學，就讀於德州的TARLETON STATE UNIVERSITY。這年十二月，永棻慮及小女初到美國，碰到佳節，可能會想家，特別函邀她去他家過聖誕節。小女因德州與多倫多兩地相距太遠，未能前往。可是永棻的盛意，則使我永遠銘記在心！

永棻曾多次返台，一九七八年七月來台開會，莊惠鼎、許延熇、趙逢積、鄒本福、王德毅等老友，為他接風，話家常。一九八九年六月底，他與崇芬嫂返台一個月，住在趙逢積家，七月十二日晚，老友又齊聚在巨煥武家為他洗塵。

一九九三年七月八日，我參加了實中老友們所組的團到美國去玩，以在紐澤西的王士英、薛興霞兄嫂家為聚會中心。這是我首次赴美，在紐約的Newark機場降落，王士英、王衍豐兩兄來接，到士英家晚飯，住在他家附近的凱悅飯店。七月九日，永棻兄嫂及女兒瑞傳、趙彥賓、黃月鑾兄嫂及其女兒NANCY、許延熇兄嫂及兩位女兒、鄧邦寧夫婦、欒心蕊、綦建仁、于兆漪、李國利夫婦、鄧明臣及女兒、林從堯及女兒、管國英夫婦及女兒女婿等一大家共八位均到，頗為熱鬧。在士英家晚飯、唱歌、跳舞。七月十日，赴世貿中心大樓、聯合國參觀，再轉赴大都會博物館（The Metropolitan Museum of Art）看古代中國藝術收藏館。晚在山王飯店，與在紐約之李似玉夫婦、王景光、梁紀德、周覺民及兒子兒媳、韓景春夫人以及自台北早幾天到紐約之董立楹等聚餐，皆多年不見之老友，濟濟一堂，十分難得。七月十一日，同到大西洋城之賭場玩了一天，再返士英家舉行惜別晚會。十二日晨，大家依依不捨的分別賦歸。延熇夫婦去了永棻家，我與明正則被彥賓接走。這是自離開學校後與永棻相聚時間最久的一次。

1980年夏，美加地區的老同學聚會時留影。前排右起：常永棻孫崇芬夫婦、孫盛華李國利夫婦，後排右起：鄧明臣、趙彥賓、王衍豐、程顯華、鄧邦寧、王士英。

永棻於一九九三年自安大略省電力公司核能發電部退休後不久，即不幸得了阿滋海默症（Alzheimer）。一九九八年四月初，崇芬與女兒瑞瑞專程陪永棻返台，住在鄭幼蘭家，目的就是要看看在台的老友們，並回員林母校拜會老師。這是一趟非常感傷之旅，實有與老友話別之意。我們於四月二十五日晚，在台北市新愛群餐廳為之接風，秦汝新兄適自洛杉磯返台，也來參加聚會，一共到了三桌。永棻努力去試著喊出每位老友的名字，他叫對了，大家就拍手給他鼓勵。表面上大家非常高興，可是內心裡則不免陣陣酸楚！這是我和他最後的一次見面。他得病十餘年來，尤其近五六年，不能行動，也不能言語，斯人而得斯疾，天道寧論！其內心的苦悶與無奈，可想而知！他的家人，無微不至的照顧著他，也夠累了；他平靜的走了，也算是解脫吧！可是留給大家的，則是無盡的相思！

2006. 05. 17於台北市南港

第十七章

記內弟李明儔博士

內弟李明儔，祖籍湖南省澧縣，一九五六年二月十九日（民國四十五年丙申農曆正月初八日）生於台灣省嘉義市。上有三位姐姐，兩位哥哥，在家中是老么。由於生性活潑可愛，深獲家人之呵護及寵愛，養成待人誠懇、寬厚，工作勤奮負責，處世樂觀積極的特質。自在嘉義崇文國民小學起，成績即冠儕輩；考入南台灣素孚盛名的省立嘉義中學後，猶不自滿；再於一九七二年八月來台北參加轉學聯招，以插班方式考入台北市立建國中學，誠非易易。一九七三年畢業，七月參加聯考，以461高分順利考取國立台灣大學地質學系，一九七七年以優異成績畢業。服畢兩年預官役後，於一九七九年八月二十二日赴美，至Ohio州Case Western Reserve University直攻博士學位，於一九八四年獲得博士學位，並隨後自該校取得電腦碩士學位。學成後，以成績優異，受校方留聘，從事博士後研究工作，並擔任助理教授職務。

1976年雙十節，明儁與我小兒子俊安、女兒昭華，在台北市青年公園。

1981年夏，明儁（中）陪父母遊美國紐約的自由女神像。

一九八八年，明儁改至美商Mobil公司之達拉斯研究實驗室工作，從此展開其輝煌多采的職涯。身為石油層定年技術的世界級專家，運用其在石油層品質預測上的卓越才能，解決了各類眾多地質學上的難題。他所研發利用礦物定年石油層及斷層的技術，必定為人所永誌不忘！這些技術，目前仍一直被英、德等世界各國所採用。

明儁經常參加一些國際性地質學研討會，與來自全球的世界級專家們討論專業的議題，學術出版界也不斷的邀請他作學術審閱及評鑑的工作。在Exxon及Mobil兩家公司合併後，他轉入位於休士頓的Exxon-Mobil上游石化研究公司，繼續他在石油物理及石油層品質方面的科學研究工作。他在石油層品質預測領域所作的許多貢獻，將成為一位睿智卓越的科學家留給後世的不朽遺產。

一九八八年十一月二十六日，為老太爺李公月白（字受蒼）八十大壽，明儁全家特自美返台祝嘏。這時老人家的健康已亮起了紅燈，自一九八九年一月四日起，開始洗腎，十分痛苦！明儔則儘量設法請假返台侍疾。一九九〇年三月三日，終於敵不過病魔的折磨，溘然長逝，共洗腎128次。明儔悲痛萬分！由於工作的關係，長期居住美國，便注意蒐集有關家族的資料，預備留給他的孩子們，將來不致數典忘祖！一九九九年五月二十六日，明儔又帶著三個孩子返台，我陪他去高雄看望先岳的胞弟光星叔，請教有關家族的人和事。用心良苦。

這時，明儔就常常感到右臂疼痛，初以為是在電腦前工作太久所致，沒有在意；後經檢查，到一九九九年十二月間，方知罹患可怕的肺癌，已經是第三期了。於是遍訪中外名醫，從事治療，放射治療非常痛苦，一度想放棄治療。二〇〇〇年二月五日，接受友人的建議，自美國到廣州紅十字醫院接受尿療法45天，反應很厲害。我和明正於三月六日到廣州去看他，七日陪了他一天，八日送他回美國後我回台北，沒想到竟成永訣。他回到美國後，也曾從

親愛的姐夫
姐姐：
我們一行6人美孚同仁，一路從青海、敦煌、玉門、內蒙、寧夏到了陝西西安，沿途見到了許許多多的古蹟與名勝，與以前書上所讀的事跡相印証，很有收穫。中國二十四史，外加一些又未列正史之事，如北宋史之西夏王國（現銀川市為其首都），有趣歷史不勝枚舉，真正体会到古人所謂讀萬卷書行萬里路。
弟 明儔 敬上
6/19/94

POST CARD
陶英惠
台北市南港區研究院路二段61巷二弄37號4樓
台北，台灣

1994年6月，美國美孚油公司派明儔等赴中國大陸洽公，19日他在西安寫給作者的明信片。

1991年12月29日，明儔夫婦及長子則磐（中）與小女昭華、女婿林雲程在美國德州西南部之The Big Bend National Park in Texas騎馬。

1999年6月初，明儔全家返台時攝，左起：長子則磐、次子則澄、幼子則諒、夫人吳玉欽。

2000年3月7日，作者夫婦到廣州紅十字會醫院看明儔，在下榻之白天鵝賓館留影。

事靈療，所謂病急亂投醫，只要有一線希望，總不放棄一試的機會。終因為時已晚，不幸於二〇〇一年一月二十六日病逝於Houston N B Anderson醫院，尚差五天，就是他滿四十五歲的生日。一月三十一日，在福遍中國教會舉行安息禮拜。英年早逝，長才未展，令親友們至為痛惜與懷思！

明儔與吳玉欽女士於一九七四年相識，一九七九年六月二十三日結褵。玉欽畢業於輔仁大學會計統計學系，一九八〇年三月十二日負笈美國，夫妻同窗共讀，感情彌篤。育有三子：長則磐，一九八六年六月十四日生；次則澄，一九九〇年八月十五日生；幼則諒，一九九六年五月十八日生。三子均天資聰穎，活潑可愛，頗有乃父之風。惟俱在幼年，遽爾失怙，每一念及，輒心疼不已！

寫於 2001年11月3日

請貼
郵票

To：114

台北市內湖區瑞光路 583 巷 25 號 1 樓

秀威資訊科技股份有限公司　　收

寄件人姓名：

寄件人地址：□□□

(請沿線對摺寄回,謝謝!)

秀威與 BOD

BOD（Books On Demand）是數位出版的大趨勢，秀威資訊率先運用 POD 數位印刷設備來生產書籍，並提供作者全程數位出版服務，致使書籍產銷零庫存，知識傳承不絕版，目前已開闢以下書系：

一、BOD 學術著作—專業論述的閱讀延伸
二、BOD 個人著作—分享生命的心路歷程
三、BOD 旅遊著作—個人深度旅遊文學創作
四、BOD 大陸學者—大陸專業學者學術出版
五、POD 獨家經銷—數位產製的代發行書籍

BOD 秀威網路書店：www.showwe.com.tw
政府出版品網路書店：www.*gov*books.com.tw

永不絕版的故事・自己寫・永不休止的音符・自己唱

讀　者　回　函　卡

感謝您購買本書，為提升服務品質，煩請填寫以下問卷，收到您的寶貴意見後，我們會仔細收藏記錄並回贈紀念品，謝謝！

1.您購買的書名：________________

2.您從何得知本書的消息？

　□網路書店　□部落格　□資料庫搜尋　□書訊　□電子報　□書店

　□平面媒體　□ 朋友推薦　□網站推薦　□其他________

3.您對本書的評價：(請填代號　1.非常滿意 2.滿意 3.尚可 4.再改進)

　封面設計____　版面編排____　內容____　文/譯筆____　價格____

4.讀完書後您覺得：

　□很有收獲　□有收獲　□收獲不多　□沒收獲

5.您會推薦本書給朋友嗎？

　□會　□不會，為什麼？________________

6.其他寶貴的意見：________________

____

____

____

讀者基本資料

姓名：________________　年齡：______　性別：□女　□男

聯絡電話：______________　E-mail：______________

地址：________________________

學歷：□高中(含)以下　□高中　□專科學校　□大學

　　　□研究所(含)以上　□其他______________

職業：□製造業　□金融業　□資訊業　□軍警　□傳播業　□自由業

　　　□服務業　□公務員　□教職　□學生　□其他__________

國家圖書館出版品預行編目

雪泥鴻爪－近代史工作者的回憶 / 陶英惠著. -- 一版.
-- 臺北市 : 秀威資訊科技, 2006[民95]
面 ; 公分. -- (史地傳記 ; PC0006)

ISBN 978-986-7080-98-1(平裝)

1. 中國 - 傳記

782.238　　95018557

史地傳記　PC0006

雪泥鴻爪－近代史工作者的回憶

作　　者 / 陶英惠
主　　編 / 蔡登山
發 行 人 / 宋政坤
執行編輯 / 林世玲、周沛妤
圖文排版 / 李孟瑾
封面設計 / 李孟瑾
數位轉譯 / 徐真玉、沈裕閔
圖書銷售 / 林怡君
出版印製 / 秀威資訊科技股份有限公司
台北市內湖區瑞光路583巷25號1樓
電話：02-2657-9211　傳真：02-2657-9106
E-mail：service@showwe.com.tw
經 銷 商 / 紅螞蟻圖書有限公司
台北市內湖區舊宗路二段121巷28、32號4樓
電話：02-2795-3656　傳真：02-2795-4100
http://www.e-redant.com

2006 年 10 月　BOD 一版
2006 年 12 月　BOD 二版
定價：230元